儿童教养课

含含妈咪 著

天津出版传媒集团

天津人民出版社

图书在版编目（CIP）数据

儿童教养课 / 含含妈咪著 . — 天津 ：天津人民出
版社，2018.7（2019.4 重印）
ISBN 978-7-201-13140-5

Ⅰ．①儿… Ⅱ．①含… Ⅲ．①儿童教育—家庭教育
Ⅳ．① G782

中国版本图书馆 CIP 数据核字 (2018) 第 059157 号

儿童教养课
ERTONG JIAOYANGKE

含含妈咪 著

出　　版	天津人民出版社
出 版 人	黄　沛
地　　址	天津市和平区西康路 35 号康岳大厦
邮政编码	300051
邮购电话	（022）23332469
网　　址	http://www.tjrmcbs.com
电子邮箱	tjrmcbs@126.com

责任编辑	王昊静
策划编辑	马剑涛　吴海燕
特约编辑	牛成成
装帧设计	胡椒书衣

印　　刷	大厂回族自治县彩虹印刷有限公司
经　　销	新华书店
开　　本	880×1230 毫米　　　1/32
印　　张	7
字　　数	240 千字
版次印次	2018 年 7 月第 1 版　　2019 年 4 月第 2 次印刷
定　　价	45.00 元

前言

―

PREFACE

有教养的孩子这样养

伟大的教育家苏霍姆林斯基曾说："在人类心灵的花园中，最质朴、最美丽和最平凡的花朵就是人的教养。"一个有教养的人会让周围的人感到舒服，而一个有教养的孩子则更会受到大家的喜爱。

前段时间，一位网友在乘坐地铁时看到了这样一幕：一个小男孩和妈妈一起坐地铁，中途一位阿姨带着小宝宝上车，小男孩主动让了座，小男孩的妈妈可能是太累了，头轻轻地靠在扶手上，小男孩则主动用手为妈妈垫着头，还帮妈妈背包。

随后，该网友把视频发到了微博上，我们来看网友对此的反应："真是个有教养的孩子！""孩子有教养，定是家长教得好。""有教养的人真是太温柔、太可爱了。"……

虽然只是一段视频，却温暖了无数人，这便是有良好教养的孩子该有的模样。然而，在现实生活中，由于各种因素的影响，很多父母更注重孩子知识的学习，却忽略了孩子的教养问题。于是，这种明显偏颇的教育方式造就了一个个有教育却没教养的"熊孩子"：他们对礼仪、规范不屑一顾，缺乏自控力，没有规则意识，不懂得感恩、孝顺，不懂得与人和睦相处……试想，这样的孩子长大后怎能在这个复杂且竞争激烈的社会上生存呢？为此，父母要重视孩子的教养问题，从小抓起，让孩子成长为一个有教养的人。当然，很多父母会问：怎样培养有教养的孩子呢？那就来看看书中的答案吧。

有人将教育这件事比作"一棵树摇动另一棵树，一朵云推动另一朵云，一个灵魂唤醒另一个灵魂"。父母是孩子的第一任老师，是最初教育孩子的人，父母的言行举止会潜移默化地影响孩子。所以，想要孩子成为一个有教养的人，父母首先要以身作则，提高自己的素养，为孩子树立一个好榜样。

教孩子礼仪就是教孩子优雅地过一生，父母们既然都希望自己的儿女能知礼节、懂礼仪，成为人见人爱的小绅士、小淑女，那么就要教孩子一些基本的礼仪，比如待客礼仪、做客礼仪、拜年礼仪、餐桌礼仪、社交礼仪等。

孩子的生活离不开社交，而且从某种角度来讲，社交可以说是孩子踏入外界的第一步，出色的社交能力能为孩子带来稳固的友谊和逐渐扩大的人际关系。可是，我们有时会发现，孩子并不是天生的社交能手，他们在社交过程中会出现种种缺乏教养的行为，比如不能和他人友好相处，不懂得分享与合作，不会尊重他人，等等。为此父母需要帮助、引导孩子，培养孩子的社交商，让孩子成为社交小达人。

自控力是孩子管理好自己的一种内在的驱动力，有自控力的孩子往往能表现出良好的教养，而缺乏自控力的孩子则比较容易冲动、鲁莽、任性，比如容易发脾气、缺乏自律能力、不懂规矩等等。所以，父母要提高孩子的自控力，让孩子学会控制自己、约束自己。

"无规矩不成方圆"，规矩是最好的教养，但是很多父母不能把握好规矩和爱的尺度，往往给予孩子太多的爱，却忽视了对孩子规则意识的培养，于是我们经常看到的一幕幕出现了：孩子在需要排队的场合随意插队，总是随便乱动他人的东西，用完的东西随便乱扔，公共场所大呼小叫、随便乱跑……这些行为都是缺乏教养的表现。因此，父母必须增强孩子的规则意识，给予孩子一些关于生活规则的指导。

教养可以理解为"因教育而养成的优良品质和习惯"，现在的孩子有机会接受到良好的教育，但是有良好教育的孩子（指文化程度高的孩子）并不见得有教养，这是因为很多父母忽略了对孩子良好习惯的培养，而教养与习惯紧密相连，良好的习惯久而久之会成为一种自觉的行动，内化为教养。所以，培养孩子的好教养要从培养孩子良好的生活习惯开始，诸如饮食习惯、阅读习惯、自理习惯、整洁习惯等，这些都应该成为孩子好教养的养分。

有教养的人往往会表现出超强的人格魅力和良好的风度，所以从这个角度来说，有教养也可以说是孩子的个性品质好、气质风度好，即孩子的德商高。美国教育学博士米歇尔·博芭认为，一个人取得人生和事业的成功受诸多因素影响，其中智商（IQ）占30%，情商（EQ）占30%，德商（MQ）占40%。因此，父母一定不要忽视对孩子德商的培养，这是培养有教养孩子不可忽视的一个重要方面。

孩子良好的教养来自父母持之以恒的教化和熏陶，对于孩子的教养培养，不能一蹴而就，同时，科学的教养方法也必不可少。为此，本书从多个角度，全方位详细阐述了培养孩子好教养的教育方法，并在每小节末尾设置了"教养箴言"栏目，给出了一些建议和指导，以期帮助父母把孩子培养成一个德才兼备、有教养的孩子，让孩子优雅地过一生！

目录

CONTENTS

第四章　提高孩子的自控力，懂自控的孩子不任性

第五章　培养孩子的规则意识，懂规矩是良好教养的体现

第九章　调教气质，有教养的孩子也应有风度、有风采

第十章　塑造品质，让美好品质装点孩子的教养内涵

附　录　教给"熊孩子"的30条教养礼仪

第一章

以身作则，做有教养的父母

　　父母是孩子成长路上的指明灯、领路人，父母的任何言行对于孩子来说都是学习的榜样，但是由于孩子的甄别能力有限，很容易把父母的一些坏习惯、不文明的言语当成正确的模板。因此，父母要时刻注意自己的言谈举止，要以身作则，做有教养的父母，为孩子树立好榜样。

孩子的教养也是父母的教养

当你在某展馆参观的时候，亲眼看到"熊孩子"在展馆里喧嚣打闹，你会打心底里说"这个孩子真没教养"；当你在等公交排队的时候，一个"熊孩子"借着自己身材小巧，挤到了队伍前面，你也会抱怨"这是谁家的孩子，真没教养"。于是，我们发现，"教养"是个高频词。同时，说到孩子的教养，我们往往会联想到他的父母，确实，孩子的教养其实也体现出父母的教养。

一个小朋友拿着牛奶在地铁上乱跑，妈妈叫他坐好不要动，孩子不听，结果"砰"的一声，孩子摔倒在地，牛奶盒打翻，牛奶洒了一地，孩子哇哇大哭起来，伸手要妈妈抱，妈妈却对孩子说："要抱抱就不能哭。"孩子听完止住了哭声，接着，妈妈从包里掏出了纸巾和垃圾袋，对孩子说："宝贝，自己做错的事要自己承担后果，牛奶洒了一地，如果有叔叔阿姨或是其他小朋友踩到了就很可能会摔倒，你把它擦干净吧。"孩子听完很听话地点了点头，并擦干了地面。然后妈妈把孩子抱了起来，在孩子的额头上亲了一口，和孩子一起讨论刚才的事，分析孩子刚才不礼貌的行为，并且让孩子跟刚才撞到的人道了歉。

　　只有不会教的家长，没有教不好的孩子，看到上面这位妈妈这样教育孩子，我们不禁要为她点赞。试想一下，在这样的教导下，孩子怎会没有教养呢？

　　英国著名文学家卢梭在他的《爱弥儿》中曾经写道："人的教育在他出生的时候就开始了，在他不会说话和听别人说话以前，他就已经受到教育了。"由此可见，父母对孩子的影响有多大。另外，加上孩子善于模仿的天性，父母的一些坏习惯、不文明的举动都可能成为孩子效仿的模板。因此，作为父母，我们要时刻注意自身的榜样作用，从生活点滴做起，为孩子树立良好的榜样。

　　比如，在路上开车时，我们经常会碰到一些派发传单的人员，如果我们不想要，可以礼貌地拒绝，如果想要扔，也不要当着人家的面扔；在进出公共场所的大门时，如果发现后面有人，请扶一下门，或是乘电梯时看到有人就按一下等待按钮；过马路的时候，一定要认真等红绿灯，不要玩手机；如果是在听音乐或是在忙自己的工作时，有人跟我们说话，就应该摘掉耳机或者停下手中的工作，因为这是对别人起码的尊重……

教养箴言 ··· ∘

　　父母是孩子前行路上的路标和灯塔，父母的行为教养是孩子的
未来和远方。所以，如果想培养出有教养的孩子，那么父母就要先
把自己的品行酿成酒，汇入孩子的生命之泉，这样才能让孩子以后
的岁月飘香四溢。

←···

善于控制情绪的父母才是好父母

面对孩子的淘气、犯错、叛逆，你是否会大发雷霆，甚至动手呢？某记者采访了几位家长，询问他们在教育孩子的时候是否会经常发脾气，以下是几位家长的答复。

小雨妈妈：

"我一直想和孩子温和地相处，但就是控制不住自己的坏脾气，导致现在孩子对我很烦，说几句他就会受不了，甚至和我顶嘴。"

小斌爸爸：

"我发现自己平时总是对孩子发脾气，对孩子太凶、太苛刻了，所以从现在开始，我要学会控制自己的坏脾气，对孩子温和些，希望不会太晚。"

小乔妈妈：

"我也是经常吼叫孩子的家长，我不是不想控制自己的脾气，可是没办法，看到孩子做错事就来气，不知道该怎么控制。所以我也很烦恼，不知道这样会不会对孩子的性格造成不好的影响。"

这些家长的做法和感受并非个例，很多父母在教育孩子的时候都因为不能很好地控制住自己的情绪而发脾气。虽然我们可以理解对孩子发火是一件难以避免的事，但是如果经常这样，孩子除了从父母身上学会发火、实施暴力外，不能学到任何东西。发脾气是教育的最大死敌，要想教出有教养的孩子，父母就要学会控制自己的情绪，不轻易发脾气。当然，要做到这一点，很多父母感到很困难，其实只要掌握一些技巧就能做到。那么，父母具体该怎么做呢？

首先，从认知上，父母要认识到发火对孩子的巨大伤害。比如，父母经常大吼大叫、发脾气会让孩子充满恐惧，会让孩子表现得没有自信，会让孩子容易对他人发脾气，等等。因此，父母应学会尝试控制自己的情绪。

其次，要掌握一些控制情绪的技巧。比如当你感到愤怒的时候，可以尝试深呼吸，放松自我，缓解自己的糟糕情绪，让内心平静下来。或是在心里默数几个数，其间什么也不要想，努力使自己的情绪平复下来。如果这些办法都没有效果，你还是忍不住要对孩子发脾气，这时可以暂时离开，去一个自己觉得舒适放松的地方待一会儿，等到自己冷静下来后再回到孩子身边，采用更为理智温和的方法解决问题。

最后，将坏脾气转化为正能量。当你忍不住发脾气的时候，不妨冷静下来和孩子一起思考问题、解决问题，而不应该发脾气去埋怨孩子，指责孩子的错误，这样孩子便会从中学到智慧。

教养箴言

父母大吼大叫、对孩子发火，其实是最无效的教养方式，而且还会给孩子树立坏榜样，让孩子养成用发脾气的方式去处理事情的不良习惯。如果你有发脾气的坏习惯，请从现在做起，学会控制自己的情绪，做个温和的好父母。

尊重孩子，孩子才会尊重你

　　周末的时候，妈妈带维维参加一个聚会，在整个聚会的过程中，这个5岁的孩子让妈妈特别劳神费力。这到底是怎么回事呢？原来当妈妈和朋友们聊天的时候，维维一直嚷嚷着要喝果汁，妈妈叫他等一下，维维却不听，一边揪妈妈的衣服一边嚷嚷"我要喝果汁，我要喝果汁"。看到朋友们投来异样的目光，妈妈十分尴尬，于是大声呵斥孩子，想要制止孩子的无理取闹，可是维维却喊着要妈妈"闭嘴"，这让妈妈大为恼火。

　　其实，维维之所以不尊重他人，和妈妈平时的教育有关。平时在家里，妈妈从没有给维维灌输过"尊重"这一概念，更不懂得尊重孩子。比如维维一做错点什么事，妈妈就大发雷霆；维维有什么想法，如想去游乐场、动物园时，妈妈总是一味强权，去或不去都是自己说了算，维维反抗也没用；维维在语言敏感期喜欢上了说脏话，妈妈大为恼火，在批评教育的时候话语粗鲁，自己却丝毫没有意识到……

在维维的世界里根本没有尊重他人的概念，因为维维妈妈自己都不懂得如何去尊重孩子。也许在维维妈妈看来，小孩子什么都不懂，没有必要去尊重他。很多父母也有类似的想法，认为小孩子没有人格，一切都应该听从大人的教导。其实小孩子也有自尊，也渴望被尊重，自然也有人格一说。如果父母懂得尊重孩子，孩子也会效仿父母学会去尊重他人，自然也就会变得有教养了。那么，父母应该怎么做才是尊重孩子呢？

1. 尊重孩子的想法

孩子虽小，但是也有自己的想法。当孩子提出自己的见解的时候，父母不要急着去否定孩子，而应该学会倾听。如果孩子说的不对，你及时地去纠正他的想法即可。其实，如果你学会倾听孩子的想法，你就会发现，他们的想法并不能用是非标准来评判，因为很多时候那只不过是他们纯真的一些表现罢了。

2. 尊重孩子的秘密

有些父母总认为孩子既然是自己生的，那孩子在自己面前就应该是透明的，没有任何秘密可言，于是不管孩子做什么事，父母总是喜欢插一脚，或是细细盘问。其实每个孩子心中都有属于自己的小秘密，有些秘密孩子愿意和父母分享，父母要替孩子保密；有些秘密孩子不愿意和父母分享，父母也要学会尊重孩子，不去探听孩子的秘密。

3. 尊重犯错误的孩子

什么？还要尊重犯错的孩子？是的，你听到的没错，没有不犯错的孩子，关键是要让孩子认识到错误，从错误中获得智慧，从而改正。父母如果不尊重孩子，因为一点儿错误就跟孩子大发雷霆、大动干戈，这样只会给孩子带去伤痛。因此，当孩子犯错时，父母要耐心地指出孩子的错误，切不可鲁莽，用坏情绪解决问题。

教养箴言 --

要学会尊重，把孩子当作一个平等的个体来对待。当孩子对你的行为表现出抗拒的时候，请不要试图用你的强制和控制来让他屈服。因为一味地强制，对孩子的成长毫无益处，而应该尊重他，这样他才能学会尊重你。

对待犯错的孩子，多一点儿智慧

在大部分时间里，我们的孩子是十分可爱的，但是孩子总有不可爱的时候。比如他们犯了错时，明明知道自己犯了错却拒不承认，不仅不承认，而且脾气还很大，你越是教训他，他越是倔强，和你对着干，甚至和你胡搅蛮缠，对你又踢又打，简直不可理喻。你也试着用很多方法去让孩子认错，可惜最终都以失败而告终。

虽然天气有些寒冷，但下午的阳光分外暖和，妈妈带着铮铮在小区的广场上玩耍。这里有很多小伙伴，铮铮很快加入了小朋友们的行列，大家玩得很开心。忽然，妈妈听到了哭声，转过头去，看到铮铮正高举着拳头，而对面的小朋友则一脸的愤怒和委屈，满眼泪水。妈妈知道铮铮惹祸了，于是赶紧跑过去，对铮铮严厉地说："铮铮，你是不是打小朋友了，快跟人家道歉。"

没想到铮铮听到这句话后也哭了起来，而且还用自己的小拳头打妈妈，妈妈觉得铮铮太不听话了，拉过来就是一顿训斥。

相信类似的场景，很多父母都经历过，而且处理方式大多跟铮铮妈妈一样，但是这样做真的对吗？其实父母应该认识到，这时孩子的情绪是紧绷着的，他们需要被安慰，需要被理解，但是很多父母上来就是一顿批评，让孩子认错，这样只会激起孩子心中的不平和委屈，所以他们才会满脸泪水，挥动拳脚，而这些在父母看来则是孩子胡搅蛮缠、不听话的表现。

当孩子犯错的时候，很多父母往往只看到孩子错误的结果，而没有看到错误背后隐含的教育价值，所以很少用理性的态度去看待孩子犯错这件事，其实父母应该学会智慧地对待犯错的孩子。

比如，在外人面前或是公共场合不要随便批评孩子；批评教育孩子时切莫翻旧账；注意纠错时的语气和态度；使用一些共情的技巧，如使用以下句式："我看见……（描述孩子刚才的言行），我感到……（伤心、难过、不舒服等具体感受），我认为……（给孩子建议，表达对孩子的期待）。"

教养箴言

如果孩子犯错了还要向你发脾气，请你把它当作一个求助信号，而不是一种攻击行为。若你回应得恰当，不仅能帮助孩子解决问题，还能让孩子从你的言行中学到你的价值观和处世法则。

不打不骂，培养有教养的孩子

世界著名教育家苏霍姆林斯基曾说："尊重被教育的对象，是教育的实质和精华。"意思是在教育孩子的时候应该尊重孩子。但是很多家长都秉承祖辈的教育方式，认为孩子"不打不成材"，认为"棍棒底下出孝子"，结果收不到效果不说，还会让孩子越来越叛逆，越来越不听话。

妈妈带着5岁的天天参加老同学聚会。上菜前，服务员端上一盘瓜子，天天喜欢吃瓜子，于是就把所有瓜子都倒到了自己盘里。妈妈看到后，有点儿尴尬，轻声提醒天天："天天，你这样别人就没的吃啦，赶紧把瓜子倒回盘子里去。"

"不，都是我的。"天天紧紧搂着自己的小盘子，不撒手。

"听话，瓜子吃多了上火，你放回盘子里才是妈妈的好宝贝。"妈妈耐着性子说。

天天仍旧不理会，妈妈的脸尴尬得红了，对天天大声说："你再不把瓜子放回去，我就动手了啊。"

最后，天天把妈妈激怒了，妈妈抓过天天的小手，对着手心打了几下，天天哇哇大哭起来……

从这件事后，妈妈发现天天越来越顽皮了，而且是越打他越不听话，有时候还专门和自己作对，妈妈不知道该怎么办才好了……

相信带孩子出去的时候，很多父母都遇到过类似的情况，孩子非常顽皮，做出一些不礼貌的行为，说他也不听，结果父母气上心头，只能打他一顿来解气。其实，有教养的父母是不会用打骂的方法来教育孩子的，因为很多时候这种方法是父母不良情绪的一种释放，对孩子的惩罚远远大于他的过失，且容易引起孩子的反抗情绪，给孩子的身心造成伤害。

其实，不打不骂也能教育出有教养的孩子。比如上面的案例中，妈妈完全可以运用一些技巧，如对孩子说："宝贝，你数学学得不错，不妨给叔叔阿姨和小朋友们平分一下瓜子，让大家品尝好吗？"听到父母夸奖自己，再加上孩子很愿意在他人面前表现自己，孩子就会很容易听大人的话，把瓜子分出去，这样既解决了问题，还能让孩子在大家心里留下一个好印象。

再比如，在管教孩子的时候，如果因为孩子犯了错，父母一时无法冷静下来，这时最好不要去教训孩子，而是应该暂时离开现场或是转移自己的注意力，等到自己情绪稍微平复后再去和孩子好好谈谈。

教养箴言

　　教养孩子时，一味地打骂吼叫是没有意义的，在孩子不谙世事的世界里，父母的任何言行都会给他们留下深刻的印象。所以在教养孩子的时候，父母应该学会正面教养，拒绝打骂式教育。

放下大人的架子，和孩子共同成长

　　做父母的很享受自己拥有的权威，所以也习惯性地对孩子端着架子，总觉得这样做才有威严，才能在孩子心中树立起高大的形象。事实上真是这样吗？来看看茵茵妈妈的烦恼吧。

　　茵茵是个有点儿内向的孩子，平时和父母的关系处得不是很好，因为茵茵觉得爸爸妈妈总是高高在上，拿着大人的架子，所以茵茵并不怎么喜欢和爸爸妈妈交流自己的心事。一次期中考试，茵茵没有考好，心情十分沮丧，但是茵茵又不想和爸爸妈妈说这件事，因为她知道，如果告诉他们，肯定又是一顿批评。

　　茵茵情绪低落地回到了家，什么话也没讲，闷在沙发上看电视。妈妈路过客厅时察觉到茵茵的反常情绪，并猜到茵茵是因为考试的事而烦恼。于是，妈妈把电视关了，开始对茵茵进行批评教育。

　　"你是怎么回事？这回又考砸了吧？"妈妈略带指责地问。

"没怎么回事，考砸就考砸。"茵茵说。

"你考砸还有脾气，还有理了是吧？"妈妈要发火。

"我就是故意考不好的！"茵茵也十分气愤。

"你为什么处处和我们对着干呢？"妈妈更加生气。

"反正学习是我自己的事，与你们无关，还有不要在我面前摆架子，未成年人还受法律保护呢。"说完茵茵就哭着跑回自己房间了。

其实妈妈也很苦恼，她只不过是想了解一下她的考试情况，想关心她而已，并没有想指责的意思。但是每当想和女儿沟通的时候总是十分困难，到底自己哪里做得不对呢？

茵茵妈妈如果想和女儿心平气和地沟通，其实只要放下自己大人的架子就能实现，只不过茵茵妈妈并不明白这个道理，所以才和茵茵之间产生了隔阂。

著名教育评论家谭柳青曾说："教育的前提是尊重孩子、了解孩子、与孩子平等交流。只有对孩子施以'春风化雨'般的教育熏陶，才能得到孩子的正面回应。简单来说，就是尊重孩子要以人为本，讲究平等交流的艺术。"确实，有谁喜欢整天高高在上、总是对自己发号施令的父母呢？作为父母，我们应该学会放下架子，这样才能得到孩子的信任和尊敬。

比如，父母要摒弃高高在上的心理，和孩子交流的时候要像跟朋友交流那样，而不是命令、指挥孩子。尤其是对那些天性胆小的孩子，更要倍加呵护。对性格倔强、身上有缺点的孩子不要采用命令、强迫的教育方式，而应该用较为温和的方式循循善诱，一步步地进行引导；放下架子，参与到孩子的活动当中，与孩子像朋友那般玩耍；学会和孩子做知心朋友，多和孩子沟通，向孩子敞开心扉；等等。

教养箴言

　　从现在起，放下父母的架子，学会和孩子做朋友，尊重孩子的想法和行为，倾听他们的心声，告诉他们你能够理解他们，也请他们打开心扉，从心底里接纳父母的教导。

第二章

以礼为矩，教孩子做礼仪

小绅士、小淑女

懂礼仪是孩子有教养的外在表现，一个懂礼仪的孩子会显得彬彬有礼、落落大方，而不守规矩和礼仪的孩子则会让大人十分头疼，他们通常被称为"熊孩子"。如果不想自家的孩子变成"熊孩子"，而想让他们成为小绅士、小淑女，父母就要教孩子一些基本的礼仪常识。

教孩子成为热情待客的小主人

在日常生活中，大人接待朋友、宾客是常有的事，孩子作为家庭的一员，也应该懂得一些待客的礼仪，当客人来时彬彬有礼，热情大方。

"丁零，丁零……"清脆的门铃声响了起来，豆豆问："谁呀？""豆豆吗？是我，李叔叔。"门外的人回答。李叔叔是豆豆爸爸的好朋友，经常来找爸爸，今天不巧的是爸爸刚刚去交电费了，还没有回来。豆豆把门打开，跟李叔叔打了招呼，把他请了进来。

"豆豆，你爸爸呢？"李叔叔问。

"去交电费了。"豆豆说。

"那我等会儿再过来吧。"见豆豆爸爸不在，李叔叔想立刻告辞。

"您先坐会儿吧，我爸爸马上就回来了。"说着，豆豆给李叔叔倒了一杯茶水，接着又拿来了一份报纸和一本杂志。

看到小家伙这么热情，李叔叔夸奖了豆豆，一边看报纸一边等豆豆爸爸。半盏茶的工夫，豆豆爸爸回来了，李叔叔跟豆豆爸爸讲了豆豆是如何招待自己的，豆豆爸爸乐得合不拢嘴，觉得儿子长大了。

　　文明礼貌、热情待客是起码的礼仪，同时也体现出孩子的教养，像豆豆一样礼貌待客的孩子，都会得到客人的夸赞和喜爱。但是在现实生活中，很多孩子却不懂得待客的基本礼仪。当客人来时，有的孩子十分兴奋，表现得"人来疯"；有的孩子十分冷淡，只顾玩自己的游戏，不和客人打招呼，对客人的问话不认真回答；有的孩子显得很害怕、很紧张，躲在自己的房间里不出来……这些都是没教养的外在表现。

　　"有朋自远方来，不亦乐乎？"作为家长，我们要教孩子基本的待客礼仪，当然，在此之前要给孩子一个心理准备，比如在客人来之前告诉孩子客人什么时间来，客人与自己的关系，以及如何称呼，等等，让孩子做好接待客人的准备。

　　当客人来时，父母要教孩子主动和客人打招呼，对客人说"请进"，并轻轻地关上门，请客人入座。接着，要告诉孩子招待客人，比如为客人倒水、端水果。注意，在倒水时不可以倒满，八分就好。告诉孩子，当大人和客人聊天时，不要随便打断谈话，特别是谈论一些重要的事情的时候。如果有小客人来访，告诉孩子自己作为小主人，应该拿出自己的好吃的、好玩的来招待小客人。如果客人送礼物，要教孩子说"谢谢"。若就餐，教孩子要先等客人和长辈入座后，自己再坐下，客人和长辈不动筷子，自己也不能先吃。

当客人走时，父母要教孩子礼貌送客，把客人送到门口或是电梯口，并说"叔叔阿姨（哥哥姐姐）再见，欢迎下次再来"。

教养箴言

在接待客人方面，父母也要为孩子做好榜样，在客人造访时，应以礼相待。这样，孩子就会在礼貌待客的氛围中长大，将来自然会成为一个有礼貌的人。

让孩子做受人欢迎的小客人

　　作为家长的你是否发现，带孩子出门做客真是一件十分考验人的事，因为孩子的种种习惯教养，都会在这时显露出来。因此，如果想让孩子成为主人眼中有教养的孩子，家长务必要注意平时的提醒和教育，否则很可能会遇到和童童妈妈一样的烦恼。

　　周末的时候，妈妈带着5岁的童童到朋友家做客，但是一整天下来，童童的表现让妈妈很没面子，妈妈决定以后再也不带童童出来了。这是怎么回事呢？事情还要从迈入朋友家门的那一刻开始说起……

　　妈妈按响了门铃，开门的是一位阿姨，妈妈对童童说："这是李阿姨，和阿姨打声招呼。"童童有点儿怯怯地站在妈妈身后，不吭声，妈妈有点儿尴尬，朋友忙说："没关系，小孩子认生，快进来吧。"

　　朋友的孩子也是一个小姑娘，和童童差不多大，两个孩子很快玩到了一起，但是不一会儿两个小孩子就吵了起来，原来是童童看上了人家的布娃娃，非要抢着玩，人家不同意，童童就硬抢，结果好好的一个布娃娃被她们扯坏了。童童妈妈很尴尬，赶忙过来道歉。

吃饭的时候，童童完全没有一个女孩子该有的形象：胡乱翻搅菜肴、挑拣饭菜；吃得嘴上哪里都是；够不着的饭菜就伸着手去够，结果把袖子弄湿了不说，还差点儿把盘子打翻；自己的碗里堆了满满一碗，最后剩了大半碗……一顿饭下来，妈妈吃得很尴尬。

离开的时候，朋友开车送他们，下车时，妈妈本想让童童对阿姨说声谢谢，可是一开车门，童童就下车跑了。

这次带童童到朋友家做客，妈妈深深地体会到了什么才是真正的"尴尬"，童童这些不礼貌的表现妈妈之前就注意到了，只是当时没有太在意，看来小小的做客礼仪真是不能忽视啊。

像童童这样不懂做客礼仪的孩子有很多，当然很多家长会有这样的疑问：我们平时都谨言慎行，很有礼貌，为什么孩子在外面还会有这样的表现呢？其实在教养孩子的方式上，身教固然重要，言传也是必需的。很多家长却忽略了这一点，想当然地认为只要自己有礼貌，孩子就会有礼貌，而缺乏对孩子必要的教育和提醒，这才让孩子成了不受欢迎的小客人。那么，父母在带孩子做客时需要教给孩子哪些做客礼仪呢？

首先，见面礼仪不能少。比如上客人的车，进客人的家门时一定要热情地打招呼，如果不知道该怎么称呼，家长要在旁边提醒孩子，或是让孩子大方地问，如："请问，我应该怎么称呼这位婆婆？"再比如，告诉孩子在进入别人家的时候，要礼貌性地赞美，如"您家的房子很漂亮"，而不要做一些不礼貌的评论，如"您家房子好小""屋子好乱"等。

其次，做客过程中的礼节要注意。比如告诉孩子，没有主人的允许，不能随便乱动别人的东西，不能随便进入主人家的卧室；学会用"请"字，如想要喝水，可以直接说："阿姨（叔叔），请问可以给我一杯水吗？"想要上厕所，可以直接问："阿姨（叔叔），请问你家的卫生间在哪里？"；和主人家小朋友玩游戏、玩玩具时要谦让，玩过的玩具要和小朋友一起收拾，物归原位；吃饭时要注意礼节，如不能跷二郎腿，不要胡乱翻拣菜肴，不能端着碗到处跑，饭菜吃多少盛多少，有喜欢吃的、够不着的菜可以让大人帮忙，不能自己伸手满桌子够。吃饱先离席要先礼貌地说："我吃饱了，大家慢用。"

最后，离开的时候要礼貌性地和对方说"再见"，并感谢对方的热情招待。

教养箴言

总之，孩子在外的表现能直接反映出一个家庭的教养水平。如果不希望自己的孩子被人说没有教养，家长就一定要注意孩子在外的表现，给予孩子适当的指导，尤其是必要的做客礼仪教育，一定不能少。

让孩子成为人见人爱的拜年小使者

每逢春节，走亲访友自然少不了，小家伙们也开始跟着爸爸妈妈探亲访友。可是在这欢乐的时刻，有些孩子的表现实在是很糟糕。下面我们来看看磊磊妈妈的遭遇吧。

大年初一，妈妈带磊磊到舅舅家拜年。在走之前，妈妈千叮咛万嘱咐，到了舅舅家一定要有礼貌。刚开始的时候，磊磊表现得不错，小嘴挺甜，一进家门挨个问好，可是等到舅舅给磊磊红包的时候，磊磊当面拆了红包，看到里面只有一百块钱，嘴里便嘟囔道："这么少，不要！"说着，磊磊把红包直接扔到地上，自己就去玩了，舅舅很尴尬，妈妈更是尴尬。

过年带孩子去别人家拜年，会收到代表着祝福的红包，红包不论大小都代表大人的心意，父母在教孩子接受红包时要注意一些礼节，千万不能让孩子像磊磊那样没教养、没礼貌。比如，父母应该提前教孩子，在长辈给红包时要双手接住，并礼貌地说"谢谢"，在接过红包后，不要当面拆开——这是非常没有礼貌的，而应该让孩子把红包放到自己的口袋里或是交给大人保管。

红包礼仪只是诸多拜年礼仪之一，除此之外，家长还应该教孩子下列拜年礼仪。

1. 打招呼的礼仪

首先，父母要教孩子正确的称呼，如外公、外婆、叔叔、阿姨等等，同时要教孩子加上一些吉祥话，如"身体健康""万事如意""恭喜发财""岁岁平安"等。当然，我们也发现，很多孩子在走亲访友的时候因为紧张或是害羞不愿开口，为了避免出现这种尴尬情况，在拜访亲友之前，家长有必要为孩子做一些功课，比如：提前告诉孩子主人的身份、该如何称呼；在家里进行情景模拟演练，增强孩子的信心；等等。

2. 接打电话的礼仪

打电话拜年是常见的拜年方式之一，当然，在接打电话时也需要注意一些礼仪，比如：告诉孩子要说新年祝福语；不要一边吃东西一边接打电话；接电话时，如果是不认识的号码，要说"您好""请问""等一下"等这样的礼貌用语；接电话时要有问有答，回答问题要大方；注意说话音量，不要在电话里大声嚷嚷；挂电话之前要说"再见",不要只顾自己讲完就挂电话;挂话筒(座机)时要轻放,不可重重地挂电话;等等。

3. 做客、待客的礼仪

如果去别人家做客,父母要告诉孩子做客时应该带上一些小礼物以示礼貌。见到主人要主动打招呼、问好、拜年。进入屋内后,不能弄乱主人家的摆设。如果有客人拜访,家长要引导和鼓励孩子亲切、主动地和客人打招呼,并热情地招待客人。

另外,无论是拜访亲友还是有客人到家里做客,孩子们都会接触到不少同龄小伙伴,很容易出现互相攀比谁的压岁钱多、谁的新玩具高级的现象,甚至会为此而争吵,这时家长不妨给孩子们准备一些诸如橡皮泥之类的玩具,让他们一块玩耍,或是鼓励孩子和其他小伙伴交换玩具,学会分享。

教养箴言

到别人家拜年时,不少家长会遇到孩子不和其他小朋友交流的困境,这时父母要为他们找到交流的媒介物后再离开,比如漂亮的小汽车、好看的绘画本、会发声的娃娃等。

给孩子上一堂餐桌礼仪课

英国著名的礼仪专家和咨询师威廉·汉森曾说："善于观察的人，只用一顿饭的工夫，便可知你父母生活的背景和你的教育背景如何。"

一个人在餐桌上的礼仪表现与其自小所受的家庭教育密切相关，在餐桌上礼仪不雅，不仅仅反映出个人的教养问题，而且会反映出其所在家庭的成员的整体素质。对于孩子来说也是如此，我们能从孩子的不同吃相上看出其是否具有良好的教养，也能据此推断出孩子背后的家庭教育情况。

现在很多父母考虑得比较多的是如何给孩子增加营养，生怕孩子吃不好，营养跟不上，却唯独缺少必要的餐桌礼仪的教育。比如我们经常可以看到一些孩子不文明的吃相：有的孩子趴在桌子上，完全不顾他人的感受，自己想吃什么就吃什么，把饭菜翻搅得到处都是；有的孩子一边吃饭一边吧唧嘴，或是大声说话，唾沫横飞；有的孩子看见自己喜欢的菜，就独占、独享……确实，有必要给孩子上一堂餐桌

儿童教养课

礼仪课了。

下面我们来看看欣欣妈妈的日记：

欣欣一直很懂规矩，这都得益于我们对她不断地教导，比如我会告诉她吃饭的时候要先请爷爷奶奶落座，夹菜时不能在菜盘子里东挑西拣，时间长了，她也就养成了良好的用餐习惯。可是最近欣欣的一个用餐毛病让我大为苦恼，她喜欢在喝汤或是吃面条的时候吧唧嘴，说这样更有味道。我纠正了她几次，可是这个毛病一直没改，我说得多了，她还感到厌烦，有时候还故意和我作对，把声音弄得很大。后来我想了一个办法，才终止了她的这个毛病。

周末的时候，欣欣请她的一个同学来家里玩耍，晚上我们一块用餐，吃饭时我故意大声咀嚼，喝汤的时候故意吧唧嘴，欣欣刚开始没有注意，可等到我的声音盖过她的声音的时候，她终于不乐意了，提示我说："妈妈，您小点儿声。"我学着她的样子，停下来说："嗯，真是太香了！"欣欣和她的小朋友都笑了，欣欣掩着嘴说："妈妈，您怎么学我啊？""有吗？有吗？"我故意问。"有……啊。"欣欣其实明白了这里面的教育意味，所以说话有点儿小声。自此以后，欣欣终于改掉了这个毛病。

吃饭吧唧嘴是很多小孩子都有的毛病，如果你的小孩也有这个毛病，说教不管用，那就不妨试试欣欣妈妈的方法。其实，在孩子的成长过程中，需要学习的餐桌礼仪有很多，吃饭不吧唧嘴只是其中一项，那么家长应该教会孩子哪些餐桌礼仪呢?

◎ 用餐前，先请长辈入座，长辈还未动筷之前，不能自顾自地先吃起来。

◎ 用餐时端正坐姿，不能跷二郎腿，不能敲打碗筷，不能晃动椅子。

◎ 用餐过程中，随时保持桌面的整洁。

◎ 用餐时要细嚼慢咽，餐食在口中时不要说话；吃东西时不吧唧嘴；不要大声喧哗。

◎ 不要翻拣盘中的菜。

◎ 不可挥动餐具指人。

◎ 吃饭时不能随便乱跑，不能看电视，不能玩玩具、玩手机。

◎ 吃完饭后若要先离席，要跟长辈打招呼："我吃好了。"

◎ 饭后要帮大人清理餐桌、收拾碗筷或者帮助洗碗。

教养箴言

　　餐桌上的礼仪其实是一种习惯的养成，要让孩子牢记在心并付诸行动，不是一天两天或是你口头交代交代就能成的事，而需要家长长期的教育和耐心的指导。

教孩子一点儿社交礼仪

孔子说:"不学礼,无以立。"礼仪彰显了一个人的素养和气质,而社交礼仪作为诸多礼仪中的必修课程,无论是对个人的人际关系还是事业发展,都有着重要的指导作用。相信所有的父母都希望自己的孩子在社交场合表现得有规矩、讲礼貌,这样既能彰显孩子的自身魅力,还能让人觉得大人教子有方,因此,我们有必要从小教给孩子以下一些基本的社交礼仪。

1. 记住别人的名字

作为父母的你也许会遇到类似这样的情形:孩子兴高采烈地跑过来告诉你他交了几个新朋友,当你问他们叫什么名字时,孩子却答不上来。其实每个人都希望别人记住自己的名字,而且记住别人的名字也是礼貌的一种表现,因此我们有必要教孩子在交新朋友的时候学会记住他人的名字,比如通过谐音等技巧记名字。

2. 日常礼貌用语挂嘴边

日常礼貌用语是开启良好人际关系的金钥匙，父母应该教孩子基本的日常礼貌用语，如"你好""请""谢谢""不客气"等，并且将之内化为孩子的良好习惯。比如，父母可以让孩子在外出、回家的时候分别跟家人告别、打招呼，并养成习惯；在外面遇到熟人、邻居、同学的时候，要主动问好。

另外，对于孩子来说，学会道歉说"对不起"也是十分重要的。比如你可以这样引导孩子："你还记得上次文文弄坏你的玩具，你有多难过吗？现在你弄坏了文文的玩具，文文也会很难过，不过你跟他说声'对不起'的话，他就不会那么难过了。"

3. 学会守时是尊重他人的表现

守时是一种基本的礼仪，不管因为什么原因迟到，都是对等候人不尊重的表现，因此，父母应该从小给孩子灌输守时的观念，同时自己也要做出榜样，能够做到"言必信，行必果"。

4. 不要用手指指着别人或盯着别人

我们都知道被人用手指着或是盯着，会产生不舒服的感觉。"己所不欲，勿施于人"，我们也不应该用手指着别人或是一直盯着别人看，况且这是一种非常不礼貌的行为。我们要告诉孩子这个道理，当然还有一些类似的行为，如拿笔指人也是不礼貌、不尊重人的表现，并且还会夹杂着一些危险因素，这些道理我们也应该告诉孩子。

　　培养孩子的社交礼仪不是一件一蹴而就的事情，而需要一段漫长的过程，父母可以从生活点滴入手，给孩子制定一些规矩，从而约束孩子的无礼行为，比如给孩子制定参加party的规矩、与人交往的准则等。

成果验收：礼仪习惯调查问卷

　　一个人的礼貌是外在的，而教养是发自内心的，一个有教养的人同时也具备优秀的内涵和道德品质。孩子的教养体现了一个家庭的教养，拥有良好教养的孩子总能获得大家的青睐和赞赏。

　　那么经过这一章的学习，你家孩子是否变得更懂礼貌、更有教养了呢？以下是一份礼仪习惯调查问卷，家长可以根据孩子的表现情况，验收一下自己的教育成果。

1. 进入他人房间之前，孩子会敲门吗？

　　A. 会

　　B. 偶尔

　　C. 从来不

2. 家中来客人时，您的孩子能够做到热情礼貌，与客人文明交谈，不打扰大人讲话吗？

A. 基本能做到

B. 有时能做到

C. 做不到

3. 到别人家做客时，孩子能做到规规矩矩，表现得体吗？

A. 基本能做到

B. 有时能做到

C. 做不到

4. 您的孩子见到邻里或是认识的人，能够主动打招呼问好吗？

A. 基本能做到

B. 有时能做到

C. 做不到

5. 和其他孩子玩游戏时，您的孩子能做到互相谦让、友好相处吗？

A. 能做到

B. 有时能做到

C. 几乎不能

6. 当孩子做错事时，会主动跟小朋友或大人道歉，说"对不起"吗？

A. 会

B. 偶尔会

C. 几乎不会

7. 得到帮助或是收到礼物时，孩子会有什么表现？

A. 说"谢谢"

B. 有时说"谢谢"，有时没什么表示

C. 几乎没什么表示

8. 孩子打电话时的表现是怎样的？

A. 先说"您好"，并讲明自己是谁，再说自己想要找的人

B. 大多时候会讲礼貌用语，有时也会直接粗鲁地挂电话

C. 很少讲礼貌用语

9. 您的孩子有说脏话的现象吗？

A. 有

B. 偶尔有

C. 几乎不说

10. 您的孩子会随便乱动别人的东西吗？

A. 经常没有征得他人的同意就乱动别人的东西

B. 有时会在征得他人的同意之后动他人的东西

C. 用他人的东西之前都会征得他人的同意

11. 您的孩子的排队表现是怎样的？

A. 在需要排队的场合经常乱插队或推搡别人

B. 能排队等候，但也会推搡、戏弄排在前面的人

C. 能耐心排队等候

12. 您的孩子在用餐时表现如何？

A. 规矩礼貌

B. 能规矩吃饭，但总是有些小动作，如摇晃椅子、敲碗筷、吧唧嘴等

C. 不懂规矩，长辈没落座，自己先吃起来，吃饭时吵闹，
   不注意形象

对于以上表现，您认为孩子的哪些表现值得表扬，哪些行为还有
待改善？

值得表扬的地方：＿＿＿＿＿＿＿＿＿＿＿＿＿＿＿＿＿＿

＿＿＿＿＿＿＿＿＿＿＿＿＿＿＿＿＿＿＿＿＿＿＿＿＿＿

有待改善的地方：＿＿＿＿＿＿＿＿＿＿＿＿＿＿＿＿＿＿

＿＿＿＿＿＿＿＿＿＿＿＿＿＿＿＿＿＿＿＿＿＿＿＿＿＿

第三章

培养社交商，让孩子化身社交小达人

　　没有朋友的孩子，再优秀也是孤独的舞者，孩子需要朋友，需要属于他的社交圈。但是我们却发现孩子并不擅长交朋友，他们不懂得分享，不懂得合作，不懂得道歉……为此，父母需要给予他们指点，帮助他们成为社交小达人，收获受益一生的友谊。

友好相处是孩子参与社交的基本法则

哲哲的爸爸妈妈工作忙，所以大部分时间，哲哲的日常生活都由爷爷奶奶照顾，但是由于长辈的溺爱，哲哲养成了以自我为中心的个性，稍有不顺心的事就闹别扭。爷爷奶奶觉得这没什么，爸爸妈妈觉得哲哲的性格一直是这样，也没觉得这样有什么不好。但是最近，哲哲在学校的表现让大家开始为哲哲担心起来。

据哲哲的班主任反映，哲哲在学校经常因为一点儿小矛盾便和同学发生冲突，不能和同学们友好相处，比如哲哲不懂得谦让同学，不懂得同学之间要互相帮助，做什么事情时总是想着自己，从来不考虑别人，所以大家都不愿意和哲哲玩耍，因此，哲哲在学校很孤单，没有什么朋友。其实哲哲也想交朋友，只不过他不知道怎么和同学们友好相处罢了。

像哲哲一样的孩子在生活中很常见，他们由于从小受到长辈的过分疼爱，导致过于以自我为中心，不懂得与他人友好相处，所以人际关系较差。其实每个孩子都渴望得到友谊，只不过他们并不知道怎么做才是对的，才是恰当的，因此需要家长的帮助和引导。那么家长怎样才能让孩子学会友好相处呢？

1. 改变宠溺式的教育方式

家长宠溺式的教育会让孩子形成以自我为中心的心理，孩子将这种心理带到人际交往中，就会出现不合群的现象。因此，家长要改变自己的教育方式，不要对孩子太过宠爱，要知道，溺爱是孩子成长的绊脚石。

2. 教孩子与人交往的技巧

家长要教孩子一些与人交往的技巧，比如通过讲故事、演练情景剧的方式让孩子学会换位思考、宽容他人，学会替他人着想，学会礼貌谦让，并引导孩子思考"为什么小朋友不喜欢我""为什么他们不愿意理我""我怎么做才会让别人高兴"。这样，孩子就会在不断地思考中逐渐把方法和经验运用到人际交往中。

3. 教孩子善待同学、朋友

人与人相处讲究与人为善、将心比心，比如告诉孩子：当同学在学习上有困难时，要主动帮忙；同学生病了，要主动去看望；同学忘带学习用品，要主动借给他；同学、朋友之间要真诚、宽容相待。

4. 帮孩子克服嫉妒心理

同学、朋友之间有嫉妒心理是正常的，但是嫉妒心理也会破坏孩子之间的友谊，比如有些孩子看到别人比自己学习好，就产生嫉妒心理，甚至做出一些破坏性行为，比如乔坏人家的文具盒，撕掉人家的作业本。为此，我们应该告诉孩子，如果别人有比自己强的地方要虚心学习，让自己取得进步。

教养箴言

家长是孩子模仿的对象，如果家长能与长辈、同事和邻里和睦相处，孩子也会模仿，因此家长要与长辈、同事、邻里搞好关系，对孩子的小朋友要热情、尊重，给孩子树立一个好榜样。

学会原谅才能重拾友谊和快乐

人们常说"哪有舌头碰不到牙的",孩子与小伙伴相处的时候,难免会有摩擦,当孩子之间的友谊产生"裂缝"的时候,赌气、埋怨只能使"裂缝"扩大,孩子只有学会原谅才能重拾友谊和快乐。

"我再也不和莉莉做朋友了!"菲菲一进家门就气呼呼地说。

"告诉妈妈,发生什么事了?"妈妈走过来温和地问。

"莉莉把我的蝴蝶结发卡弄坏了。"说着菲菲拿出新买的蝴蝶结发卡,果然,发卡上的蝴蝶结只剩下了一只翅膀,另一只在菲菲手里。

"怎么弄坏的?"

"莉莉看到我的发卡很漂亮,说她想看看,我就拿给她了,结果她不知怎么就把蝴蝶翅膀掰断了……我再也不和她说话了。"菲菲越说越伤心。

"发生这样的事是难免的,你上次不是也把莉莉的布娃娃弄脏了吗？这些都不是故意的呀。而且莉莉弄坏了你的发卡，也一定很内疚、很伤心呢，如果你不原谅她，她会一直伤心的。你也不想因为这件事失去一个好朋友，把自己也弄得不开心吧？"

听到妈妈这么说，菲菲的怒气消了大半，想了想，说："那好吧，我可以原谅莉莉，可是我的蝴蝶结发卡怎么办？"

"我们用胶水把它粘起来就可以了。"妈妈建议道。

菲菲点了点头，和妈妈一起把发卡粘好，然后去找莉莉一起玩耍。

孩子的世界是一个单纯的世界，没有那么多是是非非，但是在孩子交往的过程中，不可避免地会出现一些小矛盾、小摩擦，这是很正常的。而且对于孩子来说，这样的经历会让他们慢慢地了解"自我"与"他人"之间的关系，渐渐知道蛮横、不讲理、任性和霸道在人际交往中是行不通的，并从中学会宽容。当然，这个过程中还需要父母的帮助与引导。

比如，告诉孩子如果总是与人斤斤计较，小朋友们就会害怕或不喜欢与自己做朋友，而且自己不会原谅别人，也得不到别人的原谅。

再比如，当孩子遇到矛盾和纠纷时，家长除了要安慰孩子，还要帮孩子分析事情发生的原因。如果是孩子不对，告诉孩子要承认错误并道歉；如果是对方不对，则要学会原谅他人，要帮助对方改正错误，要让孩子知道，原谅他人是在给他人改正的机会，懂得宽容，友谊才能更长久。

教养箴言

　　父母可以通过讲故事的方式告诉孩子对朋友要以诚相待，要学会原谅别人的错误或过失。与此同时，还要多给孩子与同伴交往的机会，让孩子从中得到锻炼。

教孩子用分享赢得友谊

"独乐乐不如众乐乐"，分享本身是一件快乐的事情，并且对于孩子来说，分享还是一项重要的社交技能，懂得与他人分享，更容易获得友谊，建立起良好的人际关系。但是由于种种原因，我们的孩子会有些自私，有些吝啬。

一个周末，妈妈的同事带着孩子到家里来做客。妈妈叫姗姗招待小客人，可是不一会儿，两个小家伙就吵了起来。妈妈赶忙来看，只见两个人正揪着一个洋娃娃不撒手，妈妈赶紧把两个人拉开，接着对姗姗说："姗姗，你把洋娃娃给小朋友玩一会儿吧。""不，这是我的，谁也不许碰！"姗姗把洋娃娃紧紧地抱在怀里，妈妈摇了摇头，当着客人面不好发脾气，只好拿了一本图画书过来，结果姗姗看到了，趁人家没注意，又抢了过来，并大声嚷嚷："这也是我的，你不许碰！"妈妈不知道姗姗为什么这么小气。

在日常生活中，像姗姗这样不愿意与他人分享的行为很常见，比如有的孩子不喜欢别的小朋友玩自己的玩具，甚至连碰都不能碰一下；有的孩子在吃饭的时候总喜欢把好吃的东西移到自己面前，自己吃独食；有的孩子在幼儿园总是把好玩的、好吃的抢到自己手里……

孩子的年龄还小，他们有着善良的心地和单纯的想法，也许他们不愿意分享仅仅是在维护自己的权益，也许他们抢别人的东西仅仅是因为物权概念不清楚，分不清自己和他人的东西。因此，家长应该给予孩子正确的引导，逐渐培养孩子的分享意识，让分享意识在孩子的心底生根发芽，成为其获得友谊、建立人际关系的重要力量。那么，家长该如何培养孩子的分享意识呢？

1. 告诉孩子分享的意义

很多时候，孩子不愿意分享是因为害怕失去，在他们看来，分享就意味着失去。作为家长，我们应该理解孩子的这种心理，并告诉孩子："分享并不是失去，而是一种互利。当我们把自己的好东西分享给其他人时，也能得到他人的分享，而且互相分享是一件快乐的事。"

2. 给孩子创造分享的机会

平时家长要给孩子创造与人分享的机会，比如多带孩子出去，让孩子有机会接触同龄小伙伴，或是带孩子到其他小朋友家做客，或是请其他小朋友到自己家做客，让孩子拿出自己的东西和小客人分享等。

3. 提醒和表扬孩子的分享行为

如果孩子做出不愿意分享的行为，家长要及时提醒孩子，比如用一种较为轻松的话语提醒孩子："你看小朋友多失落啊，如果你和他一起玩，他一定会很开心的。"

如果孩子有分享的行为和表现，家长要及时表扬和鼓励孩子。孩子受到大人的夸奖后，会格外高兴，随之会产生一种持续这种行为的动力，这样孩子的分享行为就会不断得到强化，进而有助于孩子养成乐于分享的好习惯。

教养箴言

两三岁孩子的交换行为也是孩子分享意识的重要表现之一，比如我们经常看到一些孩子拿自己的玩具和小朋友交换，这是孩子获得友谊的一种方式，家长要学会正视孩子的这一行为，并给予鼓励。

教孩子不失礼貌地拒绝他人

一天，洛洛在自家楼下的一片空地上荡秋千，这时邻居小男孩果果走了过来，一把抓住了秋千绳，秋千停了下来。

"你干什么？"被拽住的洛洛有点儿生气。

"你下来，我玩一会儿。"果果一边拽洛洛的衣服，一边说。

洛洛也来劲儿了，死死抓着秋千绳不放手，结果果果一使劲儿，两个人都摔倒在地，哭了起来……

经过这件事情以后，妈妈觉得洛洛不懂得怎么拒绝他人。于是妈妈告诉洛洛，有礼貌地拒绝他人不仅是对自己的保护，也是对他人的尊重。同时，妈妈还教给了洛洛一些拒绝他人的方法，很快洛洛便学以致用了。

下午，洛洛和妈妈要出门，这时邻居家的乐乐过来找他玩，洛洛说："现在我要和妈妈出去，等回来再找你玩好吗？要不我一直想着出去的事，咱俩也玩得不开心。"乐乐虽然有点儿失望，但是觉得洛洛说得有道理，于是说："那好吧，等你回来记得找我哦。"就这样，洛洛不失礼貌地拒绝了乐乐。

我们都希望自己的孩子慷慨大方、乐于助人，但是如果孩子对于他人的请求一概接受，始终扮演老好人的角色，很可能会让孩子的性格变得懦弱。对于孩子来说，因其语言能力还不完善，或者是天生比较胆小，在拒绝他人的时候他们会觉得难为情，提不起勇气说一个"不"字，因而也会给自己造成一定的心理压力。为此，我们应该教孩子一些拒绝他人的技巧，让孩子学会不失礼貌地拒绝他人。那么有哪些拒绝他人的技巧呢？

1. 鼓励孩子说出拒绝的理由

如果孩子不愿意答应别人的某些请求，家长要鼓励孩子直接向对方说出拒绝的理由。比如当孩子身体不舒服，有同学叫他出门玩时，家长可以让孩子直接告诉对方自己的身体状况，让对方理解自己的苦衷。

2. 教孩子间接拒绝他人的技巧

有时候直接拒绝会伤害到他人，让对方觉得没面子，场面也会很尴尬，为此，家长应该教孩子一些间接拒绝他人的技巧，比如教孩子采用类似这样的句式："这样做会……""我妈妈说……""为了避免造成这样的后果，我还是……"

3. 让孩子学会用商量的语气拒绝

在拒绝他人的时候，最好不要用强硬的语气说话，这样很容易激怒对方，给对方造成心理上的伤害，而且也会显得自己没教养。家长要教孩子用商量的语气拒绝他人，比如孩子正在玩玩具，这时有小朋友想要借他的玩具，孩子不想借，家长可以教孩子这样说："我还没玩好，等一会儿再借给你，好吗？"如此，就可以巧妙地拒绝对方，避免了不必要的冲突。

教养箴言

在生活中，每个人都可能成为被拒绝者，遭到他人的拒绝是非常难受的，这时我们必须要有良好的心态，才能体现出自己的教养。因此，我们不仅要教孩子学会拒绝他人，还应该培养孩子坦然接受他人的拒绝的勇气和能力。

合作——孩子融入集体的最佳途径

在自然界中，我们可以看到这样一种现象：每到秋天，大雁就会排成"人"字形的队伍飞去南方。那么这种"人"字形的队伍有什么讲究吗？原来，当大雁排成"人"字形飞行时，前面的大雁在拍击翅膀时能形成上升气流，这样就会大大减少后面大雁的飞行阻力。当领头的大雁飞累了，就会换到队尾，让另一只大雁领头，而后面的大雁则会发出"嘎嘎"的声音，给前面的大雁加油打气。

我们不禁为大雁的协同合作感到惊奇，并产生一种钦佩感，其实我们人类也是一样，人们常说"众人拾柴火焰高"，唯有协同合作，劲儿往一处使，才能提高效率。而对于正在成长中的孩子来说，他们正是争强好胜、爱出风头的年纪，让他们协同合作确实有些困难。

石头是校篮球队的成员。石头个子虽然不高，但是身体灵活，在球场上十分勇猛，因此在团队中也身居要职——前锋。但是石头有个小毛病，喜欢耍帅出风头，平时大家也偶尔开玩笑地抱怨几句，石头只当那是笑话，也没往心里去。

然而，在学校组织的一次篮球比赛中，石头因为不懂得与队友协同合作，只顾自己出风头，结果输掉了比赛，几个性子急的同学忍不住抱怨了几句，石头就跟人家吵了起来。从此以后，大家都有意识地避开他，石头感觉自己受到了冷落与排挤，闷闷不乐，最后只好离开了校篮球队。

很多男孩子都爱出风头、爱耍帅，喜欢在集体活动中单打独斗，彰显自己，却不明白集体合作的重要性，不懂得与他人合作，甚至一切都要"唯我独尊"，其实这也是没教养的一种体现。有教养的孩子从来都会为集体利益考虑，懂得牺牲自我，为团队做贡献，这样的孩子更容易融入集体生活中，也会赢得他人的尊重，受到大家的欢迎，建立稳固的人际关系。

对此，家长可以让孩子经常参加一些合作性的活动，比如相互传球、跳皮筋、踢毽子、拼装玩具模型等，这样可以让孩子明确集体的概念，体会到集体活动的乐趣，明白与人合作的重要性。同时，家长还可以让孩子参加一些小组比赛，这样既有团队之间的对抗，又有团队之间的合作，从而可以很好地培养孩子的合作意识。

父母还可以定期召开家庭会议，和孩子一起讨论、解决问题，比如筹划集体游戏、出游、野餐等一些娱乐活动，或者是讨论大扫除、添置家具、家务劳动分工等一些家庭事宜。

儿童教养课

 教养箴言

　　所有人都喜欢被赞美的感觉，当孩子与他人合作时，给孩子一个赞许的目光，或是向他竖起大拇指以示鼓励，孩子会感到莫大的快乐，并产生一种自豪感，这些愉快的体验都会强化孩子的行为，并帮助他形成与人合作的习惯。

道歉——孩子处理人际关系的后悔药

对于孩子犯错这件事，很多家长认为，孩子这么小，哪里会道什么歉。于是他们就包办代替：孩子弄坏了小朋友的玩具，家长替他道歉；孩子打了别人的小朋友，家长替他道歉；孩子弄脏了小伙伴的衣服，家长替他道歉……这些看似疼爱孩子的做法其实是在纵容孩子的错误，孩子在这样溺爱的环境下很难学会担当，学会处理自己的人际关系。

因此，当孩子做错事并伤害了他人的时候，我们应该让孩子主动道歉，承担后果，而这也是有教养的孩子在犯错后应有的态度和表现。

在接冬冬放学回家的时候，妈妈问冬冬："今天在学校表现得怎么样啊？"

"一般般。"冬冬低着头，明显有点儿不开心。

"是不是犯了什么错？"妈妈试探着问。

"和同学打架了。"冬冬一脸沮丧。

"怎么回事？没伤着哪里吧？"妈妈关心地问。

"那倒没有，今天上体育课打篮球，我不小心把乐乐碰倒了……"

"那你跟他道歉了吗？"

"没有，他一起来就对我吼'你长没长眼'，我一生气就跟他吵了起来，结果就打了起来……"

"嗯，妈妈理解你当时的心情，但是确实是我们有错在先，就应该向人家道歉，如果你及时说一句'对不起'，说不定就可以避免这场冲突。"

冬冬若有所思地点点头，然后问："如果以后碰到这样的事，我该怎么办呢？"

"如果做错事，不管是有意还是无意的，第一句话一定要说'对不起'。"

"那第二句话呢？"冬冬抬头问。

"说'我不是故意的'。"

"那第三句呢？"

"以后我会注意的。"

"第四句呢？"

"哪有那么多话，只要记住这三句就可以了，快上车回家吧。"妈妈催促着说。

第二天，冬冬开心地告诉妈妈，他跟乐乐道歉了，乐乐也原谅了他。

孩子们在一起玩耍的时候，磕磕碰碰在所难免，而且由于孩子年龄较小，缺乏一定的是非观念与自控力，因而经常不能正确地认识到自己的错误，并且在做错事后不懂得如何道歉，显得很没礼貌，很没教养。而且，不懂得在做错事后道歉也会影响孩子良好人际关系的稳固和发展。因此，在家庭教育中，让孩子学会说"对不起"是一门必不可少的功课。那么我们该如何让孩子学会道歉呢？

1. 帮孩子建立正确的是非观念

孩子不懂得认错、道歉，很可能是因为缺乏一定的是非观念，不知道什么是对的，什么是错的，也不知道自己为什么做错了，更不知道自己应该怎么改正错误。因此，当孩子犯错时，家长不要随便指责、批评孩子，而应该告诉孩子为什么错了，错在哪里，以及应该怎么改正。

2. 鼓励孩子真诚地道歉

道歉是需要勇气的，孩子在做错事后不认错，可能是因为害怕承担后果，也可能是碍于面子。此时家长应该帮助孩子积攒勇气的力量，告诉他知错就改是一种美好的品德，勇于认错、道歉更是勇敢的一种表现，是值得表扬的，并且还要告诉他，真诚的道歉往往能得到他人的原谅。

　　由于受传统观念的影响，很多父母在自己做错事后，为了维护自己的尊严，不向孩子道歉，其实向孩子认错并不是一件丢脸的事，反而会为孩子树立好的榜样，赢得孩子的尊敬。

告诉孩子：尊重他人才能得到他人的尊重

哲学家威廉·詹姆士曾说过："潜藏在人们内心深处的最深层次的动力，是想被人承认、想受人尊重的欲望。"尊重他人是一种美好的品德，也是一个人良好修养的外在体现。每个人都渴望被尊重，但是被尊重的前提是要学会尊重他人，我们应该教给孩子这个道理，并让孩子养成尊重他人的习惯。

回家的路上，沫沫对妈妈说："最近班上新转来一个小男孩叫飞飞，飞飞胖乎乎的，而且个子矮，我们都叫他'矮冬瓜'。"

"我们？沫沫，你也跟着叫了？"妈妈有点儿严肃地说。

"是啊，大家都这么叫他啊，他确实矮嘛……"沫沫噘起嘴为自己辩解。

"不管别人怎么做，你要知道，这样给同学随便取外号是不对的，是不尊重他人的表现。如果大家因为你有点儿胖，都叫你小胖子，你会高兴吗？"

"当然不高兴。"沫沫很认同地点点头。

"对呀，飞飞听到你们这么叫他一定也很难过吧。"妈妈试着引导沫沫。

"嗯，飞飞一定很难过，那我以后不叫他'矮冬瓜'了，我也告诉我的小伙伴，让他们也不要这样叫。"沫沫认真地说。

"嗯，我们沫沫最棒了。"妈妈夸赞道。

小孩子往往出于好奇、逗趣的心理，会给其他小朋友起外号，他们并不知道这是不尊重他人的表现，也没有意识到自己这样做不对，会给他人带来伤害。因此，如果发现孩子有这样的行为，家长一定要及时指出并纠正。

其实，对于小孩子来说，学会尊重他人是一件不容易的事，但是如果孩子想要获得友谊，赢得他人的尊重，就必须要学会尊重他人，因为这是人际关系的起点，孩子的人际关系是建立在真诚与尊重的基础上的。那么，我们应该如何让孩子学会尊重他人呢？

1. 帮孩子建立尊重他人的意识

要想让孩子学会尊重他人，首先家长要让孩子明白什么是"尊重"，让孩子逐渐在头脑中产生尊重他人的意识，这就需要家长以身作则，为孩子做出良好的示范。比如家长要放低姿态，走到孩子身边，做到和孩子平等交流，并学会做孩子的朋友。其次，和孩子平等沟通的时候，家长要注意说话的语气和措辞，尽量避免使用呵斥、命令的语气和不当的词语，因为这会直接影响到孩子对待别人的态度。再比如家长在生活中的一些小事上，要多给孩子一些独立做主的机会，让孩子体会到被尊重的感受，这样还能培养孩子的判断力、自主能力。

2. 在生活细节上尊重他人

尊重他人应该表现在生活细节上，下列是教孩子尊重他人的一些细节：

◎ 开玩笑要适可而止，不说过头的话，不刺激人，不侮辱人，不随便给别人起外号，不用"咒"对方长辈的话来骂人。

◎ 注意自己的形象：站着交谈时不跺脚，与长辈、老师交谈时不跷二郎腿。

◎ 自己心情不好时要学会自我调整，不能拿别人随便撒气；不能以己所长笑人之短，不要总是揭人的短处，要学会正确看待他人的缺点和短处，并给予理解和尊重。

◎ 遇到别人跟自己打招呼，要礼貌回应，不能爱答不理；有人想要和你交朋友，不能高傲冷淡，如果不同意要婉言谢绝。

◎ 尊重他人的物品，比如借了同学的东西要好好保管，及时归还并表示感谢。

除此之外，父母还应该在这个基础上针对孩子的一些不礼貌、不尊重他人的行为和意识进行纠正，这样就可以达到"治本治标"的效果。

教养箴言

　　劳动是伟大的，是光荣的。尊重他人的劳动，也是对他人人格的尊重，体现出一个人的基本文明素养。因此，我们要教育孩子尊重别人的劳动成果，比如对此可以从一些小事做起，比如，擦掉一处污渍、捡起一张废纸。

第四章

提高孩子的自控力，懂自控的
孩子不任性

孩子有时冲动、鲁莽、任性，其实是因为他缺乏自控力。自控力是孩子管理自己的一种内在的驱动力，有自控力的孩子会表现出良好的教养，如懂得控制自己的情绪、懂得自律等。为此，父母应该提高孩子的自控力，让自控力成为孩子约束自己行为的一种内在力量。

缺乏自控，是"熊孩子"产生的根源

提到"熊孩子"，很多父母都是一副愁容，因为"熊孩子"熊起来真是让人无奈，来看看下面的场景，是否感到似曾相识。

场景一：

超市里，妈妈推着购物车，一个4岁的小男孩躺在地上打滚，一边哭一边嚷嚷着："我就要奥特曼，就要奥特曼！"行人纷纷投来目光，孩子哭得更厉害了……

场景二：

餐厅里，一个4岁的小女孩手里玩着玩具，妈妈一口一口给她喂饭，妈妈用勺子舀了一勺蛋糕，递到孩子嘴边，孩子嘟囔着："我要草莓味儿的。"说着自己就伸手去抓蛋糕，完全不顾妈妈的阻止……

类似这样的"熊孩子"，在生活中可以说比比皆是，尤其是在那些自我控制能力不足的孩子身上频频上演，而且这些孩子多半被人们称为"熊孩子"。其实"熊孩子"动不动就发火，或是任性、无理取闹，很大程度上是因为缺乏自控力。而自控力是儿童的一项重要能力。对此，心理学界给出了科学的研究和解释。

美国的一项对于幼儿的研究发现，自控力好的孩子更容易获得或保持友谊；他们在学习、生活上更能保持很强的自愿控制，也更喜欢上学。同样，著名心理学家瓦特·米歇尔等人的一项追踪研究也有类似的发现，他们发现，4～5岁时能延迟满足的儿童，到了青春期的时候会有更好的表现，如学业成绩优秀、社会能力强、抗挫能力强等等。

总之，如果孩子从小缺乏自控力，不仅会导致一些令家人头痛的问题，如变成没有教养的"熊孩子"，还会影响到他们之后的健康成长。因此，父母应该从小帮助孩子提高自控力。在下面的内容中，我们会介绍一些提高孩子自控力的方法。

教养箴言

自控力看不见、摸不着，但它比智商更有助于提高学习成绩，比情商更有助于提高社交能力，所以说自控力是孩子成长的"秘密武器"，时时刻刻都在影响着孩子的成长和发展，父母一定要重视起来。

延迟满足，让孩子学会控制冲动

很多爸爸妈妈都有类似的体验，带孩子到商场的时候，孩子对某件玩具爱不释手，你觉得不能这样惯着孩子，于是果断地拒绝了他的请求，结果孩子大哭大闹，甚至躺在地上打滚，过往的行人都对你们投来异样的目光，你十分尴尬，觉得大家仿佛是在说："瞧，这孩子真没教养。"

面对如此头疼的问题，家长其实可以通过延迟满足的方法来化解。那么，什么是延迟满足呢？首先，我们来看一个著名的实验：

在斯坦福大学的幼儿园，心理学家瓦特·米歇尔做了这样一个实验：研究人员找来一些4岁左右的孩子，然后分发给他们每人一粒软糖，并告诉他们，手中的糖果可以随时吃掉，但如果等到自己回来再吃，他们就可以再得到一粒糖果。

实验人员离开了教室，面对糖果的诱惑，有些孩子按捺不住想吃的冲动，迫不及待地吃掉了糖果，而有些孩子则比较有定力，耐心地等待研究人员回来，因此他们手中又多了一粒糖果。

后来，米歇尔团队的研究人员对这些孩子进行了跟踪研究，直到这些孩子高中毕业。通过研究发现：那些禁不住糖果诱惑的孩子在青少年时期自控能力较差，更容易冲动；而那些能等待的孩子则能在很多情况下适当地控制、调节自己的行为，且能更好地应对挫折和压力。

总的来说，那些能延迟满足、懂得控制冲动而等待的孩子会表现得更优秀。但是，在现实生活中，很多家长出于对孩子的溺爱，总是一味地满足孩子的任何要求，其实这种对孩子有求必应的做法剥夺了锻炼孩子自控能力的机会。因此，我们如果想增强孩子的自控能力，让孩子学会等待，有必要运用延迟满足的方法。

比如，孩子闹着要玩手机，这时你可以对他说："现在不能玩，等到周末的时候你可以多玩一会儿。"孩子哭着闹着要买玩具时，你可以说："你的玩具够多了，等到生日的时候，妈妈给你买你喜欢的芭比娃娃。"孩子想买一辆脚踏车时，你可以说："如果你能在这次考试中取得不错的成绩，妈妈就会给你买。"

再比如，如果孩子要求和大人一起玩游戏，这时你可以和他商量："现在我有件重要的事要做，等做完了再陪你玩，好吗？"这样就会让孩子明白，大人还有比自己的要求更重要、更紧急的事情，从而让孩子渐渐学会善解人意，学会控制自己的冲动。

当然，在运用延迟满足的时候要注意，对于不能满足孩子的事情，一定不要哄骗孩子，比如孩子哭闹着要玩具时，有些家长会说："今天带的钱少，等到下次再买。"然而，根本没有下一次，大部分家长会把这件小事抛到九霄云外，这样，延迟满足就变成了欺骗，不仅不会让孩子提高自控力，而且还会影响家长与孩子之间的信任度。

教养箴言

孩子善于通过观察和模仿来学习，父母作为孩子的第一任老师，其举止言谈都会影响孩子，所以父母要以身作则，做出表率，如严于律己、善于克制，这样对孩子的要求才更具有权威性和说服力。

磨炼耐性，让孩子学会按捺自己的性子

孩子如果没有耐性，就很容易冲动行事，容易被自己的情绪所左右，不能冷静地思考问题。孩子的"耐性"这种特质，要从小开始培养，看看下面几位家长是怎么培养孩子的耐性的：

苗苗妈妈：

每次当苗苗因为什么事情而迫不及待的时候，我都会找各种方法来让她等一等，比如苗苗嚷着要我给她讲故事，我会让她唱首《喜洋洋》或是让她数几个数，从而让她明白"等待"是一种什么感受，并且让她知道有些事情是需要等待的，着急也没用。

庆庆爸爸：

我最不喜欢在和客人谈话的时候被人打扰，偏偏庆庆有这个坏毛病，其实我知道，他只不过是想引起我的注意，想让我陪他玩。因

此，在每次与客人谈话之前，我都会事先告诉他，当自己和客人谈话的时候，要安静一些，等一会儿我会亲自陪他玩，在得到我的肯定答复后，庆庆变乖很多。

晨晨妈妈：

晨晨是个急性子，而且脾气不怎么好，有时总是毫无理由地、不分场合地任性、哭闹，尤其是在外人面前时，这让我很尴尬。为此，我想出了以下对策：如果是在家，晨晨因为不能立即得到满足而任性哭闹，我通常会不理他，让他明白哭闹解决不了问题，耐心等待才是正确的做法；如果是在外面，我会选择一些即时性的安抚，以避免他哭闹。经过一段时间的练习，现在晨晨好了很多，变得比以前有耐性了。

以上这几位爸爸妈妈的做法对培养孩子的耐性很有用。要想培养孩子的耐性，就需要让孩子明白等待的含义，并且要让孩子知道在等待的这段时间里不能随便打扰别人。需要注意的是，等待的时间不宜过长，一般来说，对于学龄前的孩子来说，从一分钟练起，然后再逐渐增加时间，但最多不宜超过五分钟。

不过，小孩子对时间的概念有点儿模糊，家长应该将时间具体化。比如当你需要打电话，不想被孩子打扰时，可以对他说："现在妈妈要接电话，需要几分钟的安静时间，也就是你画张画的时间。"而当孩子安安静静，耐着自己的性子等候了你几分钟之后，你要及时对孩子提出表扬："你真有耐心，没有来打扰妈妈。"

除此之外，家长还可以找些磨炼耐性的事情给孩子做，比如让孩子学习绘画、书法，或是看自己喜欢的书。总之，家长要找一些孩子平时比较感兴趣的事来磨炼孩子的耐性。

当然，父母也要在自己的生活中做个耐心的典范，比如碰上塞车或是排在队伍末尾，觉得不耐烦的时候，不发脾气、不抱怨。

教养箴言

一个有趣的游戏、一个神秘的小礼物、一个亲子之间的约定，甚至一个鼓励的眼神、一个亲切的爱抚，都会让孩子觉得等待并不是漫长、痛苦的，而是值得的。

引导任性的孩子学会自我控制

"别哭了！不许再哭！听到没有！""谁家的孩子像你，任性的小祖宗！""我跟你说，你不能这样，你再这样我可生气了！""好啦好啦，你想吃什么？现在去给你买好不好？"……孩子任性、闹情绪，让父母一个头两个大，而大多数父母对此也无可奈何，不知道该怎么对待任性的孩子。

迪迪放学后妈妈接他回家，在去停车场的路上，一位卖红薯的老大爷正在揭开炉子，阵阵香味飘来，迪迪忍不住流下了口水。

"妈妈，我要吃烤红薯。"迪迪仰着头对妈妈说。

"妈妈忘带钱了，回家妈妈给你用微波炉烤好不好？"妈妈摸了摸衣兜，发现没有带钱包。

"不嘛，微波炉烤得不好吃，我就要吃这里的。"迪迪拉着妈妈的手，嘟囔着。

"可是妈妈忘记带钱了，也买不了烤红薯啊。"妈妈试着解释。

"我不管，反正我就要吃……"迪迪一屁股坐在地上，索性不走了。

"哎呀，你这孩子。地上多脏，快起来。"妈妈去拉迪迪，可是迪迪就是不起来，哭着闹着要吃烤红薯，路过的行人看着妈妈和迪迪，这让妈妈无比的尴尬。于是妈妈赶紧去哄迪迪，"迪迪，只要你听话，现在不哭了，妈妈就答应你，买你想要的玩具""迪迪，你不是一直想去游乐园吗？你起来，明天咱们就去"……终于，在得到了妈妈的诸多承诺后，迪迪不哭了，答应不吃这里的烤红薯了，妈妈这才松了口气。但是以后再遇到这样的情况怎么办呢？妈妈不知道了……

任性的孩子很是让父母头痛，因为任性的孩子总是难以控制自己的情绪，各种闹脾气、耍赖、胡搅蛮缠，尤其是在公共场所的时候，这会让父母十分尴尬。有些父母想要及时制止孩子哭泣，就会去批评打骂孩子，结果孩子哭闹得更厉害，于是一些父母就会像迪迪妈妈那样去哄孩子，但是这种失去原则的哄只能让孩子更任性，更肆无忌惮。

其实父母应该引导孩子学会自我控制，比如用转移注意力的办法让孩子转移自己的不良情绪，如当孩子心情难过的时候可以这样引导他："难过的时候应该找些开心的事情来做，你是愿意看电视呢，还是玩游戏呢？"在选择的过程中，孩子的注意力就得到了转移。再比如让孩子学会运用意念控制法，如当孩子情绪激动时，让孩子在心里默数几个数，或是告诉自己"我不发火，我能管住自己"，从而避免冲动的行为。

　　当然，父母最好能在孩子容易情绪失控的场合做好预防工作，如带孩子去商店前，告诉孩子"只能看，不许买"，如果不听话就不带他去；如果孩子表现得好，可以给他一些奖励。这样能提高孩子的"心理免疫力"，从而提高孩子的自控能力。

教养箴言

　　矫正孩子任性的习惯，不要操之过急，不能指望孩子一下子就把长期养成的习惯改正过来，而应该耐得住性子，给孩子具体的指导和建议，使其成为一个和任性不沾边的孩子。

教孩子向愤怒情绪说"拜拜"

每个孩子都有点儿小脾气，但是如果孩子总是乱发脾气，不仅会让大人十分头疼，对孩子自身的健康成长也会造成一定的影响，比如有些孩子在乱发脾气的时候常常伴有一些破坏性的行为，如乱嚷乱叫、撕东西、摔门等等，这时就应该引起家长的注意了。

8岁的彭彭十分聪明灵巧，学习成绩也不错，但是有一个问题让妈妈十分头疼，那就是"人小脾气大"。彭彭动不动就乱发脾气，俨然一个小炸药包。

比如考试没考好，彭彭就会把考试卷子撕得粉碎，还怪老师出题太难；上课迟到了，被老师批评，彭彭会把气撒到妈妈头上，怪妈妈没有早点儿叫他起床；和同学发生点儿小矛盾，一气之下就打了人家，把人家的鼻子打出了血；做错事情，大人向他指出缺点，彭彭却不听，还对大人反抗、发脾气……面对乱发脾气的彭彭，妈妈不知道该怎么办了。

愤怒是一种正常的情绪，但是如果孩子总是因为一点儿小事就大喊大叫，控制不住自己的愤怒情绪，对人随便发脾气，就是一种没教养的表现了，而且孩子乱发脾气的行为也会影响其身心健康和人际关系的发展。

那么，该如何才能让孩子不乱发脾气呢？对此，大多父母的做法是先好言相劝，实在不行便打骂批评，教育一通。但是这样做根本没什么效果，甚至还会激起孩子的反抗情绪。其实要想从根本上解决问题，父母就要教孩子学会自己控制愤怒的情绪。那么具体来说，我们应该怎么做呢？

首先，要让孩子了解愤怒情绪。要孩子学会控制愤怒情绪，首先要让孩子了解什么是愤怒，愤怒有什么伤害。比如家长可以和孩子玩这样一个游戏：和孩子一起吹气球，吹好气球后家长帮其扎好，然后让孩子踩爆，这时家长要告诉孩子，肚子就像气球一样，如果孩子总是愤怒、生气，就会发生"爆炸"，对自己的身体造成伤害。

另外，家长还应该告诉孩子，愤怒的情绪还会破坏同学、朋友之间的友谊，甚至造成人身伤害。同时，还要让孩子认识到：愤怒是一种正常的情绪，是可以被接受的，但是随便乱发脾气是不能被接受的。

其次，教孩子一些控制愤怒情绪的方法。比如，教孩子识别愤怒的预警信号，如嘟嘴、瞪眼睛、转身不理人等；教孩子转移注意力，如遇到一些令自己愤怒的情景要尽量避开，可以出去走一走，听听音乐，或者和好朋友聊聊天；教孩子宣泄愤怒情绪，如踢打沙袋或者是靠垫，以此消除心中的怒气；教孩子用理智战胜愤怒情绪，如教孩子在即将动怒的时候告诉自己坚持一分钟不生气，或是从一数到十，做三个深呼吸，然后问自己"我为什么生气?""生气对我有好处吗?""生气能解决问题吗? "这样便能很快冷静下来。

其实，愤怒是一种正常而健康的情绪，如果孩子能在不失控的情况下表达愤怒，那么，他将体会到愤怒给他的帮助，而如果孩子的愤怒不能用恰当的方式表达出来，就会影响其人际关系、身心健康的发展。为此，父母在教孩子控制愤怒情绪的同时，也应该教会孩子正确地表达愤怒。

培养孩子的自律能力

场景一：

妈妈把丰盛的午餐摆到桌子上，昊昊打开了电视机，对着电视机"咯咯咯"笑个不停。

妈妈："为什么每次吃饭的时候你都忍不住打开电视机呢？不是说好好吃饭的时候不看电视吗？"

昊昊："我也不是每次都这样，而且吃饭时正好有我喜欢看的动画片。"

……

场景二：

昊昊的房间很安静，妈妈以为昊昊在写作业，打开房门却发现昊昊正躺在床上打盹。

妈妈："你怎么还不去写作业？这都快到睡觉时间了。"

昊昊："晚饭吃得太饱了，不想动，就想躺着。"

……

场景三：

老师打来电话，说昊昊在课间的时候在教室走廊里追逐打闹，差点儿撞伤同学。

妈妈："为什么在教室走廊里嬉戏打闹？今天老师可跟我说了。"

昊昊："是吗？我觉得那是下课时间，就忘记了学校的规定。"

……

很多人都看过影片《加菲猫》，喜欢影片中那只有点儿好吃懒做、缺乏自律性的加菲猫，可是，当你发现自己的孩子像加菲猫一样不懂得自律的时候，你一定会十分苦恼，一个缺乏自律性的孩子做事邋里邋遢，不仅会把自己的生活弄得一团糟，而且还会给人留下缺乏教养的印象。那么该如何让孩子学会自律呢？

首先，父母要做好自律的榜样。著名儿童心理学家皮亚杰认为：孩子的道德判断通常有一个由"他律"向"自律"的过渡阶段，所谓"他律"是指孩子的道德判断受他自身以外的价值标准的支配，比如父母告诉孩子"你应该这样说""不应该那样做"等等，父母的这些要求会帮助孩子形成自己的价值观。因此，父母要在日常生活中自律起来，用自己的言行去影响孩子。当然，如果孩子不愿意听父母的说教，父母可以给他们讲一些有关自律的故事，如有趣的童话故事《守望雁打了一个盹儿》等。

其次，锻炼孩子的自主能力。一个孩子，在长期缺乏自主权的情况下会养成依赖型人格。比如有些父母对孩子的一切事情包办代替，小到做作业，大到人生决策，都是父母在为孩子做决定。其实父母应该给孩子更多的自主权，让孩子养成自己的事自己做的习惯，并给孩子提供更多的自己做主的机会，如让孩子收拾、整理自己的日常生活物品；尽可能在小事上给孩子提供做决定的机会，锻炼孩子的自主能力。孩子有了一定的自主能力，就会变得自律起来。

教养箴言

聪明的父母会愿意花时间了解孩子，认真观察孩子的言谈举止，他们既会给予孩子恰当的敦促、鼓励和表扬，也会给予孩子责备和警告，让他们从错误的言行中发现问题，学会自律。

第五章

培养孩子的规则意识，懂规矩是
良好教养的体现

"无规矩不成方圆"，但有些父母对"爱与
自由"盲目推崇，不愿给孩子立规矩、定界限，使
得一些孩子缺乏基本的规矩意识、规则意识，比如
他们不懂得先来后到的道理，随意插队；不懂得
自己与他人的界限，随便乱拿别人的东西；等等。
这些行为都会导致孩子成为一个不懂规矩、缺乏
教养的孩子。为此，父母应该增强孩子的规则意
识，告诉孩子日常生活中的一些基本规则。

为孩子制订家规

　　未经世事的孩子就像是一张白纸，很容易染上各种颜色，如果没有规矩的束缚，这张纸就可能被染上杂色。俗话说"国有国法，家有家规"，家长如果制订恰当的家规，就能规范孩子的言行，让孩子端庄得体、落落大方，使其成为一个有教养的孩子。

　　以下是一位家长为孩子订立的家规：

　　◇ 不能随便乱发脾气，无理取闹。

　　◇ 对父母讲话态度要恭敬，语气要亲切。

　　◇ 自己能做的事情自己做，不给父母添麻烦。

　　◇ 出门要和父母说"再见"，回家要跟家人打招呼。

　　◇ 不跟同学攀比，不跟父母提过高的物质要求。

　　◇ 父母生病时要照顾父母，为父母端药倒水。

　　◇ 认真完成作业，并帮助父母做力所能及的家务。

◇ 吃饭时要先等长辈落座、动筷，自己要端正坐姿。

◇ 养成整洁的好习惯，进门换鞋，脱下来的衣服摆放整齐，等等。

相信看完这位家长设定的家规，你一定会有所启发，确实，"无规矩不成方圆"，制订家规能为孩子创造一个高质量的教育环境，能帮助孩子约束、规范行为，让孩子形成良好的教养。那么我们该如何给孩子制定家规呢？

首先，在设定家规之前，父母要先达成共识。比如，明确哪些规矩对家庭和孩子特别重要，最终设定的家规要达到什么效果，孩子的哪些坏习惯需要改正，如果孩子不遵守家规要受到什么惩罚，等等。

其次，家规的制定尽量简单，可以是列一张小清单的形式。注意，在列清单的时候要多一些积极的词语，要尽量多一些孩子应该做的事，而不是一张写满了"不该做"的事的命令单。比如"不要把脏衣服扔在地上"这句话就不如"把脏衣服放进篮子里"。

最后，要把制定的家规写出来，挂在一个显眼的位置。比如可以贴在冰箱上，或是贴在孩子卧室的墙上，总之要让家规尽可能多地出现在孩子的视野中，这样会对孩子起到潜移默化的督促作用。

当然，要求孩子做到遵守家规，家长就要给孩子做出榜样，而不能说话不算数，让孩子认为父母是"两面派"，从而失去对家规的敬畏。比如要孩子懂礼貌，父母就应该礼貌待人；要孩子不攀比，父母就不能养成攀比的坏习惯；要孩子养成整洁的好习惯，父母就不能邋里邋遢；等等。

教养箴言 --○

　　家规不是一成不变的，家长应该根据孩子的情况做出适当调整。比如，经过一段时间以后，孩子好的习惯形成了，父母就可以考虑根据孩子的具体情况调整家规，这样才能让孩子不断进步。

○--

和孩子"约法三章"

很多父母都抱怨自己的孩子不听话，然而问到他们约束孩子行为的方法时，他们又很茫然。法国总统萨科齐的母亲在谈及自己的教子经验时说过这样一句话："我从不严厉对待他们，但约法三章：他们必须工作、运动、对我不撒谎。"

其实，我们可以从中得到启发，即与孩子"约法三章"。下面这位母亲的成功经验就十分值得我们借鉴：

桐桐最近越来越不听话，一点儿规矩也没有。比如，她总是乱拿家里人的东西，却不事先说一声；客人来时，该吵吵该闹闹，一点儿都没礼貌；让她去写作业，她却要看电视……

于是，妈妈对桐桐说："我们来约法三章吧。"

"怎么约法三章？"桐桐表示很好奇。

"你先提几件希望妈妈做到的事，只要合理，妈妈保证做到。然后，妈妈会向你提几点要求，妈妈希望你也做到。"

桐桐很感兴趣，于是妈妈和桐桐约法三章，内容如下。

桐桐对妈妈的要求：

1. 进入桐桐的房间要先敲门，得到允许才可以进；

2. 不能强迫桐桐做她不喜欢做的事，更不能对桐桐随便发火；

3. 每天写完作业后，可以自由活动，妈妈不能阻止。

妈妈对桐桐的要求：

1. 不能随便拿家里人的东西，用东西之前要打招呼；

2. 来客人时要礼貌、谦让，不能"人来疯"，要有礼貌；

3. 作业要按时完成，不能拖拉。

约法三章后，桐桐表现得很不错。经过一段时间以后，桐桐开始自觉起来，之前的坏毛病也渐渐改掉了。

为什么"约法三章"有这样的效力呢？其实我们说的约法三章，就是行为学家提出的"行为契约"，即约定和承诺。当父母与孩子进行约定的时候，孩子会感受到父母的尊重，这种平等的交流会让孩子觉得舒畅。并且，有效的行为契约会对孩子的行为起到约束作用，从而促使孩子改变不良的行为。既然"约法三章"有这样的效果，具体来说，我们应该怎样和孩子约法三章呢？

首先，我们说的"约法三章"并不是很随便的口头承诺，而应该落实到书面上，这样约法三章才会有效力可言。

其次，约定的内容不要太苛刻，尤其是对孩子不能要求太高，以免执行起来太困难，让孩子产生沮丧的情绪，打消孩子执行约定的积极性。

最后，为了加强约定的严肃性，必须做到奖罚分明，比如在约定的内容中附加上惩罚条款和奖励条款，这样可以调动孩子的积极性。

教养箴言

家长与孩子约法三章后，一定要严格执行，特别是对自己的要求一定要认真、严格，为孩子树立一个好的榜样，否则规矩很可能会失去效力。

教孩子先来后到的道理

在日常生活中，先来后到是最基本的秩序规则，比如，看电影的时候要排队；上公交车的时候要排队；到餐厅点餐的时候要排队；等等。如果有人不遵守这样的规则而插队，很可能被说成是没礼貌，而如果是孩子不遵守规则，人们则会觉得孩子没教养。

昊昊是家里的宝贝疙瘩，爸爸妈妈都要围着他转，爷爷奶奶更是对昊昊疼爱有加，结果昊昊就成了家里的小霸王。

晚饭过后，妈妈带着昊昊到小区的健身器材区玩耍，昊昊想玩骑马，可是一个小女孩正在上面玩耍，小女孩看样子比昊昊小，于是昊昊直接走过去，指着旁边的划船器械对小女孩说："我玩会儿，你去玩那个吧。"

"不行，我先来的。"小女孩使劲抓着木马不撒手。

昊昊不说话，往小女孩面前一骑，把小女孩挤到了后面，小女孩

"哇"的一声大哭起来。

妈妈正好看到了这一幕,对于昊昊的不礼貌行为,妈妈很生气,她先是安慰了小女孩,然后严肃地对昊昊说:"昊昊,人家是先来的,你要是想玩,应该排队,这么做是不礼貌的。"

昊昊看到小女孩哭得花了脸,再加上被妈妈这么一训,脸羞得通红,惭愧地低下了头。

其实造成昊昊这样不遵守规则、秩序的根源很可能出在大人身上。比如在家里,家长什么事都让着孩子,让孩子觉得"爸爸妈妈都要让着我,所以我是最大的。"长此以往,孩子就会形成以自我为中心的性格,觉得世界都要围着他转,于是就会出现一些不礼貌的行为,如和其他孩子抢玩具,上公交时抢位置,到游乐园玩耍时插队,等等。

家长要想克服"小霸王""小公主"的种种坏习惯,就要帮孩子摆脱"以自我为中心"的心理。要做到这一点,家长除了要改变自身的教育方式,不溺爱孩子外,还要告诉孩子一些道理,比如先来后到,并为孩子设定先来后到的规矩,如刷牙的时候,谁先到洗手间谁就先刷;吃饭的时候,孩子贪玩不吃饭,事先告诉他,如果不来吃就不等他;等等。这样,孩子渐渐地就会形成"先来后到"的意识。

再比如,在带孩子出去的时候,遇到需要排队的场合,比如看童话剧,可以和孩子一同在售票口排队买票,让孩子明白在耐心地等待之后,才能观看精彩的节目,并且这些精彩的节目也不只属于他自己，而是属于每一个排队的人的；孩子玩滑梯时，如果前面有小朋友，要让孩子排队等候，让孩子明白做事情要有耐心，要学会等待；到餐厅吃饭时，让孩子体验餐厅中的排队，让孩子明白他想要的美食不是"招之即来"的，需要在排队等待后才能获得；等等。这样的经历或体验，都能让孩子懂得"先来后到"这一规则。

教养箴言

　　教孩子先来后到的道理其实是在教孩子学会等待与分享，而这件事绝不是一件可以一蹴而就的事情，而是一个认知和习惯逐渐形成的过程，因此，父母需要足够的耐心和恒心去引导孩子。

让孩子养成归位习惯

　　孩子们在玩耍的时候总是喜欢乱扔玩具，而且总是等着大人来帮他们收拾残局，很多家长对此不以为意，总觉得孩子还小，不懂得收拾，帮他整理反而会省事。其实这样会使孩子越来越懒散，越来越拖沓。

　　家长不妨给孩子锻炼的机会，给孩子设定一些规矩，比如每次玩完玩具要收拾、写完作业要收拾书包等，让孩子养成把用完的东西及时归位的习惯。这样孩子的生活环境才会更加整洁，良好的教养也会得到体现。

　　玲玲的归位习惯不怎么好，用完了东西总是喜欢随手一扔，自己的玩具也不懂得收拾，经常要妈妈帮忙收拾、整理。妈妈有点儿担心这个毛病会对玲玲的学习和生活造成影响，于是决定为玲玲设定规矩，培养玲玲用完东西归位的习惯。

　　一次，妈妈买回了一盒水彩笔，玲玲爱不释手，妈妈趁机对玲玲说："玲玲，在用水彩笔的时候你用完一支后要放好，再去拿另一支，并且在用完后要收拾好，这样水彩笔就不会丢了。"也许是出于对水彩笔的喜爱，玲玲竟然很痛快地答应了，而且还把这个习惯坚持了下来，直到整盒水彩笔都快没水了，还一支不少，整齐地装在盒子里。通过这件事后，玲玲明显地有了归位意识，比如她会把自己的玩具收拾好，把自己的鞋子放好。

不要小看把物品归位这一习惯，归位意识体现在个人的生活中，是整洁的生活状态；体现在公共场合中，则能反映出一个人的公德意识。那么该怎样设定规矩，让孩子养成用完物品归位的习惯呢？

1. 巧借秩序敏感期设定规矩

大约2～4岁的孩子处在秩序敏感期，这时候孩子会对秩序十分敏感，比如他们会把玩具、鞋子摆成一排，特别讲究。家长可以利用孩子这一敏感期的特点，为孩子设定具体的规矩，培养孩子把物品归位的习惯。

2. 利用好"首次原则"

即每做一件全新的需要归位的事，都要建立好规则。比如带孩子第一次去图书馆，你可以告诉孩子："看完书要把书放回架子上，不能随便乱扔。"孩子一旦第一次遵守了这样的规则，以后就会养成把书归位的习惯。

3. 设定具体的规矩

比如，在家里，让孩子写完作业自己收拾书包，不乱扔乱放东西，用过的东西要放回原处。在学校里，借用老师、同学的东西要及时归还；运动后要把运动器材放回原处；班级、学校的东西用完之后要放回原处；学校用餐后，餐具要放到指定位置。在公共场所，比如：在超市购物，把购物车、筐、不打算买的商品等放回指定处；在图书馆或阅览室，看过的书要放回原处；等等。

4. 适当运用威慑的力量

孩子即使对你设定的规矩心存敬畏，也会有偷懒、松懈的时候，这时可以适当给孩子一些"惩罚"，运用威慑的力量让孩子遵守你的规矩。比如孩子不喜欢收拾东西，你可以告诉他："如果你再乱扔东西，我可要扫走了。"如果孩子漫不经心，还不收拾，你就真的扫掉，这时孩子就会明白你话里的警告意味，等到下次的时候，就会连忙去收拾。

教养箴言 --o

刚开始学习物品归位的时候，孩子的表现可能不尽如人意，但是家长一定要有足够的耐心，给予孩子更多的支持和鼓励，渐渐地，孩子就会在生活和学习中形成归位意识。

<--

帮孩子建立与他人的界限

　　我们每个人的心里，都会给自己和他人画一条线，在这条线之外是他人，里面则是自己。建立自己与他人的界限是一个从无到有的过程，一般来说，两三岁或三四岁的孩子对自己和他人的界限，以及与界限有关的规则都不清楚，会出现无法分辨物品所属的情况，进而会出现一些"偷拿"行为。

　　妈妈在打扫皮皮房间的时候，发现一辆她以前没见过的小汽车，于是问皮皮："皮皮，你的小汽车是哪儿来的？"

　　"幼儿园捡到的。"皮皮正在客厅看动画片。

　　妈妈虽然有点儿不信，但是也没深究下去。但是等到妈妈回到皮皮房间继续收拾整理的时候，从皮皮的床底下掏出了更多自己"不认识"的东西：一个变形金刚玩具、一支荧光笔、一个不知道装什么的盒子……显然，妈妈无意间挖到了皮皮的"宝藏"，而这些东西根本不是妈妈或爸爸买的，那么这些东西是从哪里来的呢？

在妈妈的不断追问下，皮皮说了实话，原来这些东西都是皮皮在和小伙伴们玩耍时拿回来的。妈妈惊讶极了，难道皮皮这么小就学会偷东西了吗？

家长经常会发现，三四岁的孩子总是会擅自拿别人的东西，尤其是小伙伴们的玩具，经常被他们顺手"偷"来，显得很没教养，但是这是真正意义上的"偷"吗？显然不是，因为这时的孩子还没有形成明确的是非观念与道德观念，他们常常通过自己拥有的东西来评估自己的价值，或是得到大人们的认同，或是再简单点，他们只是觉得某个玩具确实好玩，他们就随手带了回来，他们并不能清楚地意识到这样做不对，是不好的行为。所以，孩子这时候的偷拿行为和道德无关，只是因为他们没有明确的是非观念，很难划清自己和他人的界限罢了。

当然，这种随便拿别人东西的行为还是应该加以制止，俗话说："小时偷针，大时偷金。"任由孩子养成乱拿别人东西的习惯是不可取的，因此，家长除了平常给孩子灌输道德观念和正确的是非观念外，还要帮助孩子建立与他人的界限。

比如，在日常生活中告诉孩子哪些东西是爸爸的，哪些东西是妈妈的，哪些东西是孩子自己的，逐渐建立孩子的物权概念。接着，帮孩子建立一些规则，如当孩子和其他小朋友玩耍的时候不能随便乱拿人家的东西，如果想要玩，可以向对方借，并且借到的东西要及时归还。这样，通过不断的练习，就能让孩子明白：不是自己的东西就是别人的，别人的东西自己不能随便拿，而自己的东西一定归自己支配，别人也不能随便乱拿。

 教养箴言

在发现孩子有乱拿别人东西的行为时不要小题大做，也不要给孩子贴上"小偷"或是"撒谎"的标签，而应该多一些耐心的引导，让孩子认识到随便拿别人东西的行为是不对的。

给孩子立规矩 1：公共场所勿乱跑

每次带孩子到公共场所是个令人头痛的问题，因为在强烈好奇心的驱使下，这些小家伙们总是东瞅瞅、西看看，只要你稍不留神，孩子就会乱跑乱撞，不仅不安全，甚至还会遭到他人的非议："这是谁家的孩子？怎么这么没规矩？"而作为大人的你，听到这话一定会非常尴尬，心想：下次再也不带孩子出来了。但是这真的是解决问题的方法吗？其实，只要事先给孩子设立一些规矩，就能改掉孩子在公共场所乱跑的毛病。

妈妈实在是不想带林林一起去商场，因为林林总是不听话，只要稍不留意他就会在商场乱跑，有一次，妈妈到试衣间试衣服，告诉林林不要乱跑。结果等到妈妈换好一件衣服出来时，林林不知道跑到了哪里，最后还是在商场保安的帮助下，妈妈才找到了林林。妈妈觉得是时候给林林定一些规矩了。

周末的时候，爸爸妈妈要到超市购物，林林也闹着要去，妈妈说："只要你答应妈妈，不在超市乱跑，保持随时在妈妈的视野中，妈妈就带你去，你能做到吗？"林林考虑了一下，点了点头。

"如果你做不到怎么办呢？"妈妈问。

"我能做到的。"林林十分肯定地说。

"好，男子汉说话要言而有信，妈妈相信你。"妈妈给了林林一个笑容，然后就带着林林去超市了。在逛超市的过程中，林林有时会忘了和妈妈的约定，每当这时，妈妈就会提醒林林，所以这次购物相当愉快。在接下来的日子里，每次带林林去公共场所，妈妈都会事先给林林定好规矩。当然林林也有不遵守的时候，每到这时，妈妈就会给林林一个小小的惩罚，比如不给他买他喜欢的冰淇淋，不带他去抓娃娃，等等。有了规矩的约束，渐渐地，林林改掉了在公共场所乱跑的坏毛病。

小孩子的自制力较差，再加上孩子的童心使然，每到陌生环境就会产生一种新鲜感，因此经常会控制不住自己的行为，到处乱跑，让大人十分头疼。为了避免类似情况的发生，家长可以像案例中林林妈妈那样，为林林设定一些规矩。

比如，在进入公共场所之前，花些时间来设定清楚的限制。到商场之前可以对孩子说："当我们到商场的时候，你必须跟在我旁边，不能走开。"或是和孩子提前练习保持两步的距离，并让孩子在逛商场的时候遵守。

当然，孩子仍然可能不遵守你定的规矩，到处乱跑，这时你可以采取一些措施，比如适当地提醒他一下或是让孩子坐在凳子上好好反省一下。如果这样做仍然没效果，那就来一点儿惩罚措施，例如下次不带他来，不带他去看玩具，等等。

教养箴言

当孩子遵守规矩时，家长一定不要吝啬赞美的语言，而应该适当表扬一下孩子，让孩子知道父母喜欢他这样做。这样，受到鼓励的孩子就会不断去强化自己的行为，向你所期望的乖巧、听话的方向发展。

给孩子立规矩 2：公共场所不捣乱

在公共场合总能遇到各种各样的"熊孩子"：不听大人管教，撒泼捣乱。比如，有的孩子在优雅的餐厅大吵大闹；有的孩子在商场里、地铁里、马路上横冲直撞；有的孩子随意破坏公共设施……

菁菁是个小小天文爱好者，周末正好有一场天文台观星科普活动，妈妈带着菁菁去参加。参与活动的人很多，有小朋友，有青少年，也有成人，菁菁和几个小朋友坐在最前排。刚开始的时候，菁菁还很认真，但是到半场的时候就开始坐不住了，一会儿瞅瞅会场里的天文模型，一会儿敲敲桌子，一会儿和旁边的小朋友说话。

等到讲座快要接近尾声的时候，主讲的老师询问大家还有什么问题，这时菁菁立刻把小手举得高高的，得到应允后站起来怪模怪样地说："我有一个大大的问题，那就是——我们现在可以出去玩了吗？"整个会场先是鸦雀无声，接着大家都被逗笑了，不过主讲的老师却有点儿尴尬，笑着点了点头。在得到允许后，菁菁跟几个小朋友蹦蹦跳跳地出去了。

一直坐在后排的妈妈感到很尴尬，然而让妈妈更尴尬的是，菁菁竟然带着几个小朋友在场馆里玩起了捉迷藏，本来严肃、安静的会场突然响起了孩子们的欢笑声，妈妈赶紧过去把菁菁揪了回来，并让她老实地在座位上待着，直到讲座结束。

对于菁菁的表现，可以说是孩子顽皮天性的流露，但也可以说是孩子的礼貌问题、教养问题。因为一个孩子虽然顽皮，也应该知道什么场合可以顽皮捣乱，什么场合应该严肃认真。

孩子在公共场所捣蛋调皮，不仅会让大人颜面扫地，还会让他人觉得孩子没教养。但是怎样管教是个难题，因为是在公共场所，家长要注意自己的教育方式，也要注意孩子的尊严，所以打骂是不可取的。那么如果遇到孩子在公共场所捣乱的情况，我们该怎么办呢？立规矩是简单有效的方法。

比如，在带孩子到公共场所前，为孩子设定一个规矩：只有乖乖听话，不捣乱，不搞破坏，才带他出去，给他买零食；如果不听话，就立马带他回家。再比如，可以立这样的规矩：外出要遵守公共场所秩序，待人要礼貌，不能有干扰他人的行为，如果犯了错，要及时向他人道歉并改正。

另外，对于不遵守规矩的孩子，家长应该给予批评和教育，要让孩子明白在公共场所捣乱是不正确的行为。比如孩子冒犯了他人，引起他人的不满时，家长要及时让孩子道歉，并带孩子离开现场，等到自己和孩子都冷静下来后对孩子进行批评教育。切记，一定不要当着他人的面说教，这样很可能激起孩子的逆反情绪。

教养箴言

　　虽然爱捣乱的孩子总是让大人十分头疼，但是家长也不可因此忽视孩子内在的闪光点。家长要善于寻找隐藏在孩子捣乱行为背后的积极因素，将其不断转化为正能量。

第六章

培养好习惯，让它内化为
孩子的良好教养

著名的教育学家叶圣陶先生说过："教育是
什么，往简单方面说，只有一句话，就是养成良
好的习惯。"因此，父母应该从孩子的习惯入
手，培养孩子良好的习惯，如良好的饮食习惯、
阅读习惯、自理习惯、整洁习惯等，让好习惯内
化为孩子的良好教养。

好习惯带来好教养

　　著名青少年教育家孙云晓先生曾说："好习惯对儿童来说是命运的主宰，是成功的轨道，是终身的财富，是人生的格调。"其实，好习惯还能成就孩子的好教养。下面我们来看看薇薇妈妈的教育笔记，你就会明白其中的道理。

　　培养一个有教养的孩子没有什么捷径，因为教养孩子是一件长期的工作，需要我们去长时间地投入精力和智慧。而就薇薇现在的表现和我的经验来讲，我认为培养孩子良好的行为习惯能为孩子带来好教养。

　　薇薇小的时候，和其他小朋友一样，也有各种各样的毛病，比如逛公园的时候她会把纸巾、零食袋随处乱扔；在乘公交的时候喜欢把糖果纸塞到座位底下或是车窗的缝隙里；和同学邀约时，总是迟到几分钟……后来，我针对薇薇的各种小毛病，或是给她定规矩，或是给她讲道理。渐渐地，薇薇的坏毛病不见了，她变成了一个有教养的女孩子，当然，这话不是我说的，而是薇薇的班主任的夸奖。

那是一次春游，在出发前薇薇让我给她准备了很多零食，还有桌布、垃圾袋和餐巾纸。我笑着问她为什么准备这么多，她说肯定会有同学忘了带，她要给没带的同学。结果正如薇薇所料，在野餐的时候，很多同学没有准备得那么充分，于是薇薇就把自己带的分给他们，看到有同学把零食的包装扔到地上，薇薇就默默捡起来放到手里的垃圾袋里。整个行程中，薇薇就像一个环保达人。春游回来后，老师给我打电话，夸奖了薇薇，说薇薇是他见过的最有教养的孩子。我当时很欣慰，其实我知道，正是那些好习惯成就了薇薇的好教养。

我们平时总把"习惯"二字挂在嘴边，确实，习惯的力量是潜移默化的，且能由量变达到最终的质变，影响一个人的言行举止。而且习惯的养成并不是要一味地给孩子讲大道理：你要爱干净、你要爱学习、你要懂感恩……而应该体现在生活中的点点滴滴，薇薇妈妈正是从生活的点滴入手，通过养成薇薇的一些好习惯，成就了薇薇的好教养。

习惯是在不断重复中逐渐养成的一种比较稳定的行为倾向，因此，让孩子形成好的习惯不是一朝一夕的事，需要父母始终如一的坚持和日复一日的训练，这样才能让孩子的好习惯内化为孩子的好教养。

那么孩子应该养成哪些好习惯呢？在接下来的内容中我们会介绍孩子要养成的一些好习惯，如卫生习惯、学习习惯、素质习惯等

等，希望所有家长都能通过对孩子的好习惯培养，为孩子带来好的
教养。

教养箴言 ○- -○

　　好习惯会伴随孩子的一生，好习惯会终身受用，好习惯积累多
了就会内化为孩子的素质和教养，而一个有教养的孩子走到哪里都
是会受欢迎的。

<○- -

吃出好身体，更要吃出好教养

　　每个孩子都是父母手心里的宝，在吃的问题上，几乎所有家长都不含糊，尽可能让孩子吃好的，可是很多时候，我们只关注了孩子"舌尖上的营养"，却忽略了"舌尖上的教养"，其实好好吃饭是小事，也是大教养。

　　在吃饭这件事上，洋洋妈妈和珺珺爸爸道出了他们心中的烦恼。

　　洋洋妈妈的烦恼：

　　洋洋最近上了幼儿园，中午的时候就在幼儿园吃饭。可是据老师反映，洋洋吃饭时总是拖拖拉拉，把饭菜弄得到处都是，甚至经常会把饭菜偷偷倒掉。

　　其实在上幼儿园之前，我就担心这种情况会发生，因为洋洋在家的时候就不好好吃饭，喜欢吃零食，平时总是零食不离口，结果正餐就不好好吃，总想着法子溜走。为此，我没少发愁。洋洋喜欢看电视，我虽然知道吃饭时看电视是不好的习惯，但是无奈，为了让洋洋吃饭，我只好一边让洋洋看电视，一边一口一口地喂他。而且，洋洋喜欢吃快餐，每次我带着他去吃快餐，一看到薯条、汉堡、炸鸡翅、冰淇淋他就两眼发光，直到肚子吃撑了才肯回家。

珺珺爸爸的烦恼：

珺珺是家里的小公主，集万千宠爱于一身。她吃饭的时候非常挑剔：不喜欢菠菜，说菠菜有股怪味儿；不喜欢豆腐，说豆腐太淡；不吃鱼和鸡蛋，说它们太腥……珺珺挑食的毛病让家里人伤透了脑筋。珺珺妈妈和我每天换着花样烧菜，可是珺珺还是不好好吃，挑三拣四。她把这个坏毛病也带到了学校里，不吃这，不吃那，经常把饭菜倒掉，去买零食吃。

很多孩子都存在不同程度的挑食、偏食等不良饮食习惯，用餐不规律的现象也普遍存在，比如有些孩子特别喜欢吃零食，经常把零食当成主食吃，而这些零食大都以膨化食品、油炸食品为主，如果无规律地大量食用，会对孩子的身体健康造成影响。同时，还有诸多不文明或不健康的饮食习惯，如边吃饭边看电视、暴饮暴食、奢侈浪费、不注意用餐卫生等等，这些都是缺乏教养的表现。因此，在饮食上，家长不仅要让孩子吃出好身体，还应该让孩子吃出好教养。那么我们该如何培养孩子良好的饮食习惯呢？下面是几点建议：

1. 以身作则，给孩子树立好榜样

孩子的模仿能力特别强，父母自身的饮食好习惯是对孩子最好的熏陶。因此，要想孩子讲卫生、不挑食、不浪费、不边玩手机边吃饭，父母就要做出表率。

2. 避免在饮食上溺爱孩子

孩子在饮食上诸多的不良习惯在很大程度上和父母的溺爱有关，比如有些父母只做孩子喜欢吃的食物，而忽略了饮食平衡；遇到孩子不喜欢吃的食物替孩子统统解决掉；习惯给孩子喂饭，结果让孩子形成饭来张口的习惯；等等。因此，为了避免孩子形成不良的饮食习惯，父母应该给孩子合理膳食，让孩子独立吃饭，不要在饮食上溺爱孩子。

3. 帮孩子建立健康的饮食习惯

比如，让孩子少吃油炸食品、膨化食品；在吃零食这件事上为孩子设定规矩，如饭前不能吃零食；要让孩子规律进食，不能暴饮暴食，不能过度挑食；等等。

4. 杜绝孩子不良的饮食习惯

吃饭时速度太快，狼吞虎咽；进食时与人嬉笑、打闹；在房间里边走边吃，边看电视边吃；蹲在地上吃饭；等等，这些都是不好的饮

食习惯，不仅会对身体健康造成影响，也会给人留下不好的印象。父母要杜绝孩子这些不良的饮食习惯。

为了纠正孩子不好的饮食习惯，很多家长喜欢在饭桌上批评孩子，然而有关医学研究表明，人在情绪低落时进食是不利于身体健康的。因此，即使孩子在饭桌上有不好的表现，家长也不要当即训斥孩子，而应该事后跟孩子讲道理。

让孩子学会打理自己的生活

　　一个有教养的人，应该是在生活中不给他人添麻烦、自力更生、生活有条理的人，但是现在一些家长不太重视孩子生活习惯的培养，认为这是个"小问题"，于是总是一味地娇惯着孩子，结果孩子连基本的打理自己生活的能力都丧失了。

　　小杰已经上小学六年级了，应该是个独立自主的大男孩了，但是他还是跟没长大一样，什么事都要大人帮忙打理，比如每天早上，妈妈不仅要做早餐、叫他起床、帮他穿衣服，还要替他叠被子、整理书包……总之，小杰的日常生活都是由妈妈操劳。

　　但是有一次，妈妈因为工作原因出差了一段时间，等到回来的时候发现原本干净整洁的小杰成了一个小邋遢，头发乱蓬蓬的，不知道几天没洗。他的房间里乱得一塌糊涂：被子散乱在床上，枕头掉到了地上，一只鞋子跑到了床底下，另一只不知道跑到了哪里，书桌上乱糟糟的，教科书、作业本、文具盒随处乱丢，桌子下的一本作业本上，一个大鞋印清晰可见……

妈妈不知道为什么小杰会变成这样，难道真的是自己太过娇惯他了吗？

显然，小杰之所以变成这样，和妈妈的太过娇惯、溺爱是分不开的。其实，很多家庭中都存在溺爱、娇惯孩子的现象，大人总觉得孩子还小，什么都做不好，再加上对孩子的宠爱，结果事事包办代替，最终造就了一个个"小皇帝""小公主"。这样的孩子对家长的依赖性太强，一旦失去了家长的帮助，独自生活，他们便会把自己的生活搞得一团糟。于是我们看到，有些孩子上了初中都不会自己洗衣服；书桌上永远是乱糟糟的，总是找不到下一节课要用的课本；做事总是丢三落四，没有一件事能做好……这样的孩子怎能给人留下一个好印象呢？

因此，家长要学会放手，让孩子去打理自己的生活。当孩子把自己整理得干净利落、井井有条时，就会给人一种富于良好教养的感觉。

比如，让孩子自己收拾自己的房间：铺床单、叠被子、收拾衣服、整理书包等。这样不仅能锻炼孩子的动手能力、自理能力，还能提高孩子做事的条理性；让孩子做自己力所能及的事情，如自己穿衣服、洗衣服、吃饭、写作业等。

教养箴言 ---○

　　孩子自己独立做事的时候，难免会"笨手笨脚"，家长应该多

给孩子一些鼓励和宽容，少一些斥责，这样便能增强孩子做事的自

信心，帮助他一步步走向独立。

◁---

阅读是最好的教养，让孩子爱上阅读

莎士比亚说过："书籍是全世界的营养品。生活里没有书籍，就好像没有阳光；智慧里没有书籍，就好像鸟儿没有翅膀。"腹有诗书气自华，读书能使人精神焕发，给人以知识和涵养，所以我们常常看到，饱读诗书的人都是非常有教养的。

对于孩子来说，阅读不仅可以丰富孩子的知识、拓宽孩子的视野，还能让孩子通过阅读去塑造自己。可以说，对于孩子来说，阅读是最浪漫的教养；对家长来说，阅读是自己送给孩子的终身礼物。那么，我们该如何培养孩子良好的阅读习惯呢？下面几点建议仅供大家参考。

1. 为孩子提供读书的便利条件

不管你是否有阅读的习惯，都应该为孩子提供便利的条件，比如可以经常带孩子逛书店，书店里有很多看书的孩子，可以让孩子感受读书的氛围。或是在家中添置书架，不断丰富家中的藏书，让图书随手可得。

2. 和孩子一起读书

亲子阅读是培养孩子阅读习惯的好方法，父母不管工作多忙，都应该抽出一些时间和孩子一起读书。比如，晚上睡觉前，和孩子读一些故事书。这样，经过一段时间的坚持，读书就会成为像是洗脸、刷牙、吃饭一样的必需环节，不用你提醒，孩子便会主动拿起书本去阅读了。

当然，在这个过程中，父母可以读书给孩子听，也可以让孩子阅读书中的内容。不过需要注意的是，家长在读书给孩子听的时候发音要清晰，且适当运用一些技巧，如读到精彩的地方做一些动作，表现出一些夸张的表情，读不同的角色用不同的发音技巧等等。这样能更好地吸引孩子的注意力，让孩子对阅读产生兴趣。

3. 和孩子聊一聊书里的内容

和孩子一起读书应该是一个互动的过程，在这个过程中，家长可以向孩子提一些问题，或是和孩子讨论书中的内容，鼓励孩子发表自己的意见和观点。孩子出于天性使然，也会向家长问各种各样的"为什么"，这时家长要耐心地给予孩子解答。

4. 教给孩子常见的阅读方法

常见的阅读方法有精读与略读。所谓"精读"就是要让孩子逐字逐句地去阅读，而所谓"略读"就是通过快速浏览章节中的主要人物、精彩片段等内容的方法快速把握书本的主旨和内容。当然，在阅读的过程中还可以让孩子做笔记，把不懂的问题记下来。另外，还要防止一些不好的阅读习惯，比如在阳光下看书、离书本太近、躺着看书等等。

教养箴言

父母的阅读习惯以及对书籍的热爱程度会对孩子产生潜移默化的影响，胜过对孩子苦口婆心的教导。因此，家长要学会用自己的阅读习惯去影响孩子的阅读习惯。

良好的学习习惯要及早养成

俄国著名教育家乌申斯基说："良好的习惯乃是人在其神经系统中存放的道德资本，这个资本在不断地增值，而人在其整个一生中享受着它的利息。"拥有良好的学习习惯，不仅会提高孩子的学习效率，而且能让孩子终身受益。但是很多孩子却有一些不好的学习习惯，让大人十分烦恼。

妈妈发现斌斌在做作业的时候有个坏毛病——坐不住，一会儿喝水，一会儿吃水果，一会儿上厕所……短短半个小时，他要进出房间三四次。妈妈决定帮助斌斌改掉这个坏毛病。

晚饭后，斌斌要去写作业，妈妈说："妈妈看到你在写作业的时候不专心，总是进进出出，所以我建议你在坐下来之前，把该办的事情都办好。"斌斌点了点头，接受了妈妈的建议。

在妈妈的提醒下，斌斌果真少出去一次，妈妈鼓励了斌斌，并希望他继续努力，争取明天再减少一次。等到第二天，斌斌又成功地做到了。就这样，经过妈妈的几次提醒和鼓励，斌斌终于能专心地去完成作业了。

坐不住板凳是孩子通常会有的现象，斌斌妈妈在发现斌斌写作业注意力不集中时，没有急于求成，而是一步步慢慢去纠正孩子的坏毛病，终于帮孩子克服了不良习惯。除了注意力不集中外，有些家长还注意到了孩子有如下不好的学习习惯：不专心听讲，不善于提问，在课堂上捣乱等。那么我们该怎样帮助孩子改掉这些不好的习惯呢？

1. 培养孩子认真倾听的习惯

认真倾听，不打断别人说话，这是一种礼貌。同时在倾听、理解他人想法的过程中去思考、分析问题，这也是求知过程中需要具备的一项技能。因此，家长要教孩子学会倾听，这样有助于孩子养成课上专心听讲的习惯，孩子在学习上也会取得事半功倍的效果。

2. 让孩子善于发问、不耻下问

孩子在成长的过程中是通过语言来进行学习的，而善于发问的人才能求得知识。但是现在很多孩子都不善于提问题，比如，有的孩子在课堂上不敢提问题，怕自己提的问题太简单，受到其他同学的嘲笑；不喜欢提问题，觉得自己什么都懂；懒得提问题，对学习缺乏热情。其实学问学问，既要学也要问，家长要鼓励孩子敢说敢问，当孩子提出问题的时候，家长要耐心地给予回答。

另外，"三人行，必有我师焉"，家长还应该让孩子学会不耻下问，这不仅是一种好的学习方法，更是一种良好教养的表现。

3. 教孩子一些学习的技巧

学习要讲究效率，而提高学习效率的有效方法是掌握一些学习技巧。比如，让孩子在课前预习，课堂上做笔记，在课后复习，根据自己的记忆特点选择背诵、记忆的时间点等等。

4. 教孩子尊重老师，遵守课堂纪律

调皮捣蛋的孩子在课堂上往往不尊重老师，不遵守课堂纪律，总喜欢搞一些小动作，和同学交头接耳，说悄悄话，或是玩耍，不认真听讲。这些行为不仅会影响到听课效率，还是不礼貌的表现，家长应该告诉孩子尊师重道的道理，并让孩子遵守课堂纪律。

教养箴言

习惯决定命运，人一旦养成某一个习惯，就会不自觉地在这个轨道上运行，如果是好的习惯，则会终身受益。因此，家长要从小培养孩子良好的学习习惯，为孩子以后的成功人生打下基础。

帮孩子养成勤俭的好习惯

自古以来，勤俭节约就是中华民族的传统美德，但是我们却看到，现在很多孩子不懂得珍惜拥有的东西，养成了奢侈浪费的习惯。比如有些孩子看到新鲜的吃的、好玩的东西就非买不可，碰到不喜欢吃的东西则随手扔掉；有的孩子挑衣服穿，不爱惜自己的书籍、玩具；有的孩子浪费水、浪费电，丝毫不觉得这是不对的事情……由此可见，对孩子进行勤俭节约的教育已是刻不容缓。

妈妈发现，最近美美养成了一个坏习惯——浪费东西。

场景一：

妈妈下班回来的时候买了一些新鲜的草莓，洗好后放到盘子里，美美拿起一颗尝了一口，嘴里嘟囔着"一点儿都不甜"，然后把没吃完的草莓扔到了垃圾桶里，接着美美又拿起一颗，又咬了一小口，同样也扔到了垃圾桶里。妈妈看到了，对美美说："美美，你怎么每颗草莓只吃一小口呢？"

"因为一点儿都不甜啊。"

"你这样太浪费了，这几颗草莓很贵的。"

场景二：

妈妈带着美美在餐厅吃饭，美美不小心把汤弄洒了，妈妈让美美去拿些餐巾纸，结果美美拿了厚厚的两摞餐巾纸回来了，妈妈问："美美，你怎么拿这么多餐巾纸？"

"擦桌子啊。"说着，美美把一大摞餐巾纸放到了桌子上。

"美美，你拿太多了，只要几张就可以了，你这样太浪费了。"妈妈无奈着叹了口气。

场景三：

妈妈和美美去吃自助餐，妈妈拿了美美爱吃的蔬菜、水果和糕点，而美美则一趟趟往食品供应区跑，妈妈问："美美，你拿这么多能吃得了吗？"美美不管妈妈怎么说，把桌子堆得满满的，连服务人员都投来异样的眼光。

场景四：

妈妈到厨房的时候看到水龙头开着，洗菜池满满的一池子水，里面是没有洗完的锅碗瓢盆，妈妈喊道："美美，美美？"

儿童教养课

美美从客厅跑了回来，手里拿着一块抹布。

"美美，不洗碗的时候要把水龙头关了，这样多浪费水。"

"噢，好吧，我忘记了。"美美摸摸后脑勺，不好意思地笑了。

勤俭是一种美德，也是一种生活方式，能体现出一个人的基本素养，但是我们从现在的孩子身上却很难看到勤俭这两个字，反而更多的是奢侈、浪费，因此，培养孩子节俭的习惯也成了家庭教育中的一个重要课题。那么我们该如何培养孩子节俭的习惯，让孩子受益终生呢？

首先，家长要做到勤俭节约。有什么样的家庭氛围，孩子就会形成什么样的习惯，如果家长平时节俭、不浪费，孩子自然会学会勤俭节约；如果家长没有节俭的意识，孩子很可能会养成奢侈、浪费的习惯。因此，家长一定要给孩子树立好的榜样。

其次，要从生活小事抓起，培养孩子勤俭节约的习惯。俗话说"由俭入奢易，由奢入俭难"，一旦养成奢侈的习惯就很难改掉。因此，家长要注意生活中的一些细节，从日常小事做起，从孩子小的时候教起，逐渐培养孩子的好习惯。比如，在平时就要求孩子不能浪费食物，吃不完的食物可以放到冰箱里，等到下次再吃；在外面点东西孩子要根据自己的饭量来定；学习上不能浪费纸张、铅笔等学习用品；穿衣上不要总和别人攀比，衣服旧了只要干净也能穿。

最后，运用一些技巧让孩子爱上勤俭节约。比如，家长可以给孩子准备一个旧物收藏箱，孩子有暂时不用的衣服、鞋子、玩具或是别人送的东西等可以放到箱子里，时间久了，箱子里的东西不仅能给孩子带来美好的回忆，还能让孩子养成节约的习惯。

　　培养孩子勤俭节约的好习惯，家长既要以身作则，给孩子树立勤俭节约的榜样，又要强化孩子的节约意识，教给孩子一些节约的方法技巧，这样才能让勤俭节约成为孩子的自觉行为，成为一种习惯。

培养孩子整洁卫生的习惯

"为什么要洗澡呢？我不脏嘛！""我的手不脏嘛，不洗，不洗，不洗。""怎么又要换衣服，真是麻烦！"想必作为爸爸妈妈的你们没少听到孩子这样的抱怨，讲卫生在大人眼里是再正常不过的一件事，但是到了孩子眼里，却成了难以办到的事。为此，你颇为头大，但是也不能不管他，因为一个有教养的孩子起码要让人看起来是干净的、舒服的，整天脏兮兮的孩子是不会受到人们欢迎的。那么该怎样让孩子养成整洁卫生的习惯呢？来看看宇宇妈妈是怎么做的：

宇宇是个淘气的小男孩，经常在外面玩耍，把自己弄得脏兮兮的，而且最让妈妈头疼的是宇宇不爱干净，不愿意洗澡。直到有一天，妈妈读到一本绘本，给宇宇讲了这样一个故事：

从前有一只臭烘烘的小熊，大家都叫他"臭臭"，因为他从来不洗澡、不刷牙，他身后总是跟着一群群臭烘烘的苍蝇，大家都不愿意跟他玩耍，所以小熊没有一个朋友。有一天，小熊在树底下睡觉，忽然在一阵奇痒中醒来，他用手挠背，靠着树蹭，都无济于事。正在这时，一位干净的熊小姐走过来问他："你为什么不洗个澡呢？"小熊回答说："我才不需要洗澡。"这样，两只小熊因为这个问题而吵了起来，最后小熊气呼呼地跳进了池塘去洗澡，结果等到上来后发现，身上一点儿也不痒了。从此，小熊爱上了洗澡，干净的小熊终于交到了很多好朋友。

　　面对不讲卫生，总是脏兮兮的孩子，如果你硬拉他过来清洁一番，孩子不但抗拒，还会对你强迫性的行为产生反感。其实我们不妨借鉴宇宇妈妈的做法，利用绘本中的一些故事，帮孩子养成良好的卫生习惯，比如《我不洗澡，就不》《脏脏的伯蒂》《好脏的哈利》等都是不错的绘本。

　　当然，家长还应该在日常生活中给予孩子指导，从各个方面引导孩子养成整洁卫生的习惯。比如：

　　让孩子保持身体及服装的整洁。良好的个人形象能够给人留下良好的印象，同时也是对他人的尊重。家长要在平时教会孩子学会基本的自理，如定时洗头、洗脸、洗手、刷牙、洗脚、换衣服等等，让孩子保持干净整洁。

　　让孩子养成卫生的饮食习惯。比如不用手抓饭菜，饭前便后要洗手等等。

　　让孩子注意公共卫生。比如，不乱扔果皮，不随地吐痰、大小便等等。

　　让孩子养成有规律的生活习惯。比如，穿着要整洁，脱下的衣服要及时洗净，晾干的衣服要及时叠整齐、收好；穿脱衣服要按照一定的次序；经常修剪指甲；做完的作业要及时收好放到书包里；玩过的玩具要放到玩具箱里；等等。

教养箴言 --

　　孩子讲卫生的好习惯，多是从父母那里学得的，因此，父母要为孩子提供一个整洁、干净的家居环境，让孩子注意家中的各种卫生细节，以此慢慢熏陶孩子的卫生习惯。

第七章

赋予孩子一颗爱心，让孩子化作小太阳温暖他人

一个有教养的孩子应该是一个通情达理，能体会他人情感的孩子；一个懂得孝顺的孩子，一个乐于助人的孩子，一个知道感恩的孩子……总之，有教养的孩子内心深处有一颗善良的种子，有一颗爱心。因此，父母要学会培养、呵护孩子的这颗善心，让孩子像小太阳一样照耀他人，温暖他人。

让孩子学会关爱他人

夏天的一个周末，爸爸妈妈带着莎莎和恺恺到郊外去玩，郊外的空气是那么新鲜，遍地的野花鲜艳美丽。莎莎发现一朵美丽的野蔷薇，兴奋地喊道："快来呀，这里有一朵野蔷薇。"大家被莎莎的叫声吸引，都跑过来看，只见在一丛野山花中簇拥着一朵粉红色的野蔷薇。

突然，天空中雷声大作，刚才还是蓝天白云，转眼间乌云密布，下起雨来。妈妈赶紧拿出雨衣，把雨衣递给了哥哥，哥哥又把雨衣递给了莎莎。莎莎不解地问："妈妈，您和哥哥都需要雨衣，为什么要给我呢？"

"因为我们要保护比自己弱小的。"

"那么我是最弱小的吗？"

"你谁也保护不了，当然是最弱小的了。"说着，妈妈摸了摸莎莎的脑袋。

莎莎听完妈妈的话，朝刚才看到的蔷薇花走去，雨点已经打掉了蔷薇花的两片花瓣，花儿无力地低垂着头。莎莎掀起自己的雨衣，遮在了蔷薇花上，回头问妈妈："妈妈，现在我还是最弱小的吗？"

"不，你能保护比你更弱小的，你是个有爱心的好孩子。"妈妈笑着说。

读完这个小故事，我们不禁要为妈妈的智慧点赞，也为莎莎的懂事、可爱而感动。我们能想象到，在日常生活中，莎莎也必定是一个懂得关心他人，有良好教养的好孩子。

关爱他人是一种美好的品质，其实对于孩子来说，他们对世间的任何事物都有着关爱之情。比如，孩子看到流浪的小猫小狗，就想将其带回家；看到有小朋友哭泣，就想要过去安慰；玩具不小心摔坏了，会努力把它修好；等等。

但是就有些孩子的成长环境而言，从小娇生惯养，逐渐使他形成了以自我为中心的性格，丢掉了关爱他人这种美好的品质。因此，家长有必要为孩子创造一个良好的成长环境，减少对孩子的溺爱。当然，让孩子学会关爱他人，并将其内化为孩子的一种品质、一种教养，并不是一件容易的事，这需要家长的长期坚持与耐心教导。以下是让孩子学会关爱他人的几条建议：

1. 让孩子先从学会关心自己开始

如果一个孩子连自己都不关心，就很难去关心、体贴他人。因此，让孩子学会关心他人之前，应该让孩子学会关心自己，即让孩子学会照顾自己。比如让孩子学会基本的自我服务技能，如自己穿脱衣服、自己刷牙吃饭等等。

2. 引导孩子学会关心家人

在学会关心自己的基础上，家长可以引导孩子学会关心家人。比如爸爸妈妈下班回家时，可以引导孩子给爸爸妈妈倒一杯水，或是给工作劳累的爸爸妈妈捶捶背；家人生病的时候让孩子学会照顾家人，为病人端水、拿药；饭桌上，让孩子为长辈盛饭；等等。当然，对于孩子关爱家人的表现，大人也要给予表扬和鼓励，让孩子体会到关爱他人的快乐。

3. 让孩子学会关心周围的人

在孩子学会关爱家人的基础上，可以进一步让孩子学会关爱周围的人。比如，教育孩子学会团结同伴、关心同伴，互相友好谦让，例如让孩子把玩具和其他小朋友一起分享；当有小朋友哭泣时，让孩子过去安慰一下。

教养箴言 --

在日常生活中，父母之间要互相关心；对长辈要体贴照料；对待亲友要嘘寒问暖；有人遇到困难，要主动帮助。在大人的榜样作用下，孩子会受到潜移默化的影响。

保护、培养孩子的同情心

从幼儿园回来，冬冬跟妈妈讲起了在幼儿园发生的事。今天上手工课他们到外面找植物标本，在一棵树下，他们发现一只小麻雀孤零零地躺在地上，十分可怜，很多小朋友都哭了。

"那你哭了吗？"妈妈问。

"我没有哭，因为我是个小男子汉。"冬冬拍着胸脯说。

"小男子汉也是要有同情心的。当然，有同情心不一定都要哭。"妈妈试着纠正冬冬的想法。冬冬听了，若有所思地点了点头，跑出去玩了。

同情心是一种非常珍贵的道德情感，是爱心产生的基础，而且这种美好的情感，孩子从小便具有。比如，孩子的玩具熊掉到地上，他会赶紧捡起来，抚摸着玩具熊说："摔疼了吧，我帮你揉揉。"再比如，当孩子看到其他小朋友流泪时，他们自己也会感到难过，想过去安慰一下。

孩子的同情心是应该被保护的，而且这种情感对于孩子个性的健康发展，尤其是情感的发展以及良好人际关系的建立都有着非常重要的意义。简单来说，富有同情心的孩子一般心地善良，能够理解他人的感受和需求，能够懂得关心他人、帮助他人；而缺乏同情心的孩子则较为冷漠，人际关系也较为紧张。比如我们有时会看到，一些孩子经常和小朋友打架或是闹别扭，表现得很没教养，这和孩子缺乏同情心有很大的关系。

那么我们该怎样保护、培养孩子的同情心呢？

1. 肯定、鼓励孩子的同情行为

同情心是人与生俱来的一种本能，这种本能是应该得到保护的，但是很多家长却不懂得保护孩子的同情心。比如当孩子想要把一个断腿的木偶带回家的时候，大人会觉得太脏而拒绝孩子的请求。其实对于孩子出于同情心的行为，大人要肯定和鼓励，小心地呵护孩子的同情心。

2. 引导孩子体会他人的感受

让孩子多和其他小朋友接触，让孩子学会体会他人的感受。比如，当孩子和小伙伴发生不愉快的时候，可以适当地启发、引导孩子："如果是小朋友把你抓伤了，你会是什么感受？""如果被推倒在地的是你，你会有什么感觉？""假如别人这样说你，你会高兴吗？"等等。然后，当孩子回答问题的时候，家长要认真听，理解孩子的想法。

3. 让孩子爱护小动物

在日常生活中，一些孩子缺乏同情心，对小动物十分残忍，比如有些孩子会残忍地踩死逃窜的蚂蚁，并以此为乐。因此，家长可以通过让孩子学会爱护小动物的方式来培养孩子的同情心，比如多带孩子去动物园接触小动物，或是让孩子在家里饲养一种小动物。

4. 通过游戏培养孩子的同情心

游戏是孩子最主要的活动形式，家长可以通过一些游戏促进孩子的情感发展，培养他们的同情心。比如可以和孩子玩一些角色扮演游戏，让孩子分别去扮演病人、医生、爸爸、妈妈等角色。再比如可以和孩子玩一些情景游戏：模拟下雨的情景，让孩子和没拿伞的人共撑一把伞；在拥挤的公交车上给需要的人让座；同学生病了，去看望；等等。通过这些游戏，可以让孩子学会关心父母，去同情、帮助需要帮助的人。

教养箴言

引导和激发孩子的同情心是家庭教育中不可忽视的内容，家长可以根据孩子所处年龄段的特点，多提供一些以善良为主题的读物来培养孩子的爱心和同情心。

同理心培养，让孩子拥有共情能力

说到同理心，我们很容易将其将与同情心混为一谈，其实这两个词还是有差别的，举个例子来说：假如一个人不小心掉到了冰冷的水里，站在同情心的角度，孩子可能会说"这个人真倒霉"；而站在同理心的角度，孩子则可能会说："水里一定很冷，他一定不好受。"显然，同情心是表达自己同情的一种心理，而同理心则是设身处地地理解他人感受的能力。

其实，我们说的同理心也就是父母经常说的换位思考的能力。一个有教养的孩子应该具备这种能力，即能觉察他人的情绪反应，理解他人的感受，与他人产生情感共鸣，并激发出自己相应的同理心行为。

乐乐在楼道里发现一只浑身脏兮兮、走路一瘸一拐的小狗，急忙叫妈妈来看。妈妈说这是邻居家几天前走丢的小狗欢欢，于是去通知邻居。果然，邻居家的小姑娘在见到欢欢后又是高兴，又是伤心，谢过了妈妈和乐乐，把小狗领回去了。

回到家，妈妈问乐乐："乐乐，你知道刚才那个小姐姐为什么又高兴又伤心吗？"乐乐想了想，不是很肯定地说："她高兴是因为小狗回来了，伤心是因为小狗的腿受伤了。""嗯，乐乐很棒，能体会到别人的感情了呢。"妈妈夸奖道。

其实，乐乐能通过换位思考，体会到邻居家小姐姐复杂的心情，就是具有同理心的一种表现。有同理心的孩子，通常能体会到他人的情绪或是感情，理解他人的难处。比如在看到大人生病时，他绝对不会缠着大人去游乐场玩耍，而是会做出一些有同理心行为的举动，比如为大人倒热水、拿药，帮大人做家务等等；而缺乏同理心的孩子则丝毫不考虑大人的感受，哭着闹着要去玩耍。再比如，有同理心的孩子在看到其他小朋友哭泣的时候会过去安慰，并陪他一块玩耍；而缺乏同理心的孩子则较为冷漠，对他人的悲伤视而不见。

那么，我们该如何培养孩子的同理心呢？

1. 通过描述情绪让孩子感同身受

在与孩子的日常交流中，家长应该常用一些描述情绪的词语，如"生气""伤心""难过""愤怒""开心"等，让孩子认识到每个人在不同时刻的心情都是不一样的。比如看到有小朋友哭泣，可以对孩子说："你看那个小朋友哭了，哭得很伤心。"这样就能帮助孩子感同身受，换位思考，了解别人的想法和感受，为激发孩子的同理心行为做准备。

2. 激发孩子的同理心行为

当孩子能理解他人的想法和感受之后，父母就要激发孩子的同理心行为了。比如当碰到小朋友摔倒时，孩子在旁边大笑，父母可以问孩子："如果是你摔跤了，别的小朋友笑你，你会有什么感觉呢？"孩子可能会说："我会觉得很尴尬，很生气吧。"这时你就可以引导他："那么如果你是他，你会希望别的小朋友怎么做呢？"孩子就可能这样说："我希望他来扶我，而不是笑我。"接着你就可以问："那么，你现在应该怎么办呢？"经过这样一系列的启发，通常会激发孩子的同理心，使他做出有同理心的行为，过去帮助摔倒的小朋友。

3. 在日常生活中做换位思考练习

站在别人的角度看问题就是换位思考，也叫心理换位，即在看问题的时候，把自己想象成对方，去体会对方的心情和感受，以便更好地体谅对方。学会换位思考是培养孩子同理心的重要方法之一，为此，在日常生活中，父母应该积极引导孩子进行换位思考。比如有的孩子会因为别人犯了一点儿小错误而一直责怪对方，可以告诉孩子："每个人都有犯错的时候，如果是你犯了错，对方这样无休止地指责你，你会是什么感受呢？而且你也希望得到他人的原谅吧？"再比如，当孩子无法理解他人的感受和境况时，让孩子问问自己："如果我是他，我会怎么想，怎么做？"这样就可以让孩子找到内心的答案。

教养箴言

要想孩子有同理心，父母在平时与孩子沟通的时候就要把自己当成一面镜子，发挥自己的同理心，学会理解孩子的心情和想法，而不要把自己的主观想法和感受强加给孩子。

教孩子学会感恩，做一个温暖的人

苏联教育家苏霍姆林斯基说："良好的情感是在童年时期形成的，如果童年蹉跎，失去的将无法弥补。"而学会感恩，对于现在的孩子来说尤为重要。

这个星期，蕾蕾妈妈实在是太忙了，好不容易熬过了一周，到周末领导突然通知要加班，于是蕾蕾妈妈周末的一点儿空闲时间又被工作夺走了。星期日，妈妈拖着疲倦的身体一进家门，蕾蕾便冲着妈妈嚷道："妈，快做饭吧，快饿扁我啦。"

妈妈来不及收拾自己，也顾不得喝上一口热水，忙系上围裙，给蕾蕾做饭。就这样，蕾蕾在卧室玩电脑，妈妈在厨房辛勤忙碌着。等到饭菜上桌的时候，妈妈呼唤女儿："蕾蕾，吃饭啦。""等一下。"蕾蕾随口答道。

妈妈实在很累，就先坐下吃起饭来。几分钟后，蕾蕾从卧室出来了，扫了桌子一眼，一脸愤愤不平的样子，问："妈，我的饭呢？"妈妈有点儿伤心：自己忙了一周，回来的时候蕾蕾连句问候也没有，一进家门就催着自己做饭，做好饭又怪自己没给她盛饭，这孩子一点儿感恩之心也没有。

孩子在成长过程中会得到各种各样的恩惠，如父母的养育之恩，老师的传道授业之恩，同学、朋友的相助之恩……受人恩惠时说一声"感谢"，是最基本的礼貌，也是最基本的教养。但是正如我们看到的那样，现在的很多孩子都没有感恩意识，不懂得感恩。相反，他们会认为这些给予都是理所当然的。这样的孩子将来走上社会必定会处处碰壁，被社会所孤立。那么我们该如何让孩子学会感恩呢？

1. 帮孩子在日常生活中寻找"感恩"元素

细心的父母会发现，感恩教育不仅存在于课本上，而且存在于日常生活中。因此，家长在向孩子传授感恩意识的同时也要帮孩子寻找日常生活中的"感恩"元素。比如，受到他人帮助时说一声"谢谢"；父母身体不舒服了，提醒孩子问候一声；与长辈就餐时，让孩子给长辈盛饭；父母工作累了，让孩子给大人揉揉肩、捶捶背；等等。

2. 给予孩子"回报"的机会

很多家长都将自己的孩子视为掌上明珠，舍不得孩子吃一点儿苦，于是当孩子想要帮大人做事的时候，家长总是会说"你去玩吧，妈妈来就可以""不用你，快去看书吧"等类似的话语。其实，有时候一味地包办代替，只能让孩子变得越来越依赖父母，渐渐地觉得父母为自己所做的一切都是理所当然的，这其实是在淡化孩子的感恩之心。因此，家长应该学会接纳孩子的付出和体贴，给予孩子"回报"自己的机会。

3. 巧用节日对孩子进行感恩教育

家长可以把各种表达感恩之情的节日作为感恩教育的时机，比如教师节、父亲节、母亲节、感恩节等等。在节日那一天，可以让孩子送上对要感谢的人的祝福，也可以让孩子事先准备一些礼物，如亲手制作贺卡送给老师或是父母，以表达自己的感恩之情。

教养箴言

"滴水之恩，当涌泉相报"，感恩是生活中的大智慧，也是一种处世哲学。孩子学会了感恩，也就懂得了生活，懂得了珍惜，也就能更好地融入现实生活中。

140

让孩子成为助人为乐的小天使

帮助他人是一件让人快乐的事，一个乐于助人的孩子懂得感恩和帮助他人，也能受到他人的欢迎和喜爱。

"今天老师给我们讲雷锋叔叔的故事了，他帮助迷路的小朋友找到回家的路，老师还说要我们向他学习呢。"昆昆一进家门就讲起了今天在班里发生的事。

"那你觉得要怎样向雷锋叔叔学习呢？"妈妈问。

"我也要送迷路的小朋友回家。"

"哪有那么多迷路的人呀，"妈妈笑着摸了摸昆昆的头，接着说，"其实向他人学习并不是他做什么你就要做什么，而是应该学习他的精神，做一个助人为乐的好孩子。"

"嗯，我知道了。"昆昆若有所思地点了点头，然后拿过来一个小板凳，对妈妈说："妈妈，我帮你择菜。"

儿童教养课

"学雷锋，做好事"，我们从小就被灌输这样的思想，现在身为父母的我们也希望自己的孩子是一个善良、有助人为乐精神的孩子。因此，我们应该从小培养孩子助人为乐的好习惯，并将其内化为孩子的品质和教养，这样才能让孩子的人生之路越走越宽阔。

那么，在日常生活中，我们应该怎样培养孩子助人为乐的精神呢？

1．创造乐于助人的家庭氛围

良好的家庭氛围对于孩子优秀品质的养成有着至关重要的作用。试想一下，如果父母总是为他人着想，在他人有困难的时候能伸出援助之手，孩子怎会对一些自己力所能及的帮助他人的机会视而不见呢？在家庭中父母是孩子学习的榜样和模仿的对象，因此，父母一定要为孩子创造一个乐于助人的家庭氛围。

2．帮孩子建立帮助他人的自信

父母应该从生活中的点滴小事做起，帮孩子建立帮助他人的自信，让孩子相信自己有能力帮助他人。

比如，引导孩子时刻关心自己的家人：帮妈妈做家务；把削好的苹果给爷爷奶奶吃；给下班的爸爸倒一杯热水；等等。

再比如，引导孩子帮助他人：为陌生人指路；帮正在蹬坡的爷爷推三轮车；将不穿的衣服、不玩的玩具捐赠出去；等等。

3. 从游戏中学习助人为乐

家长可以为孩子创设一些情景，让孩子在游戏中体会到帮助他人的快乐。比如，妈妈扮演病人，孩子扮演好心的路人，让孩子把"病人"送到医院，看到痛苦的病人得到救助，孩子自然会感到帮助他人的快乐。

4. 让孩子在集体活动中助人为乐

参加集体活动，一方面可以增长孩子的见识，开阔孩子的视野；另一方面，因为集体活动需要更多的协同合作、相互配合和帮助，所以也能帮助孩子养成助人为乐的好习惯。因此，在平时，家长要多带孩子参加一些集体活动，这样孩子就会慢慢发现，自己只有诚恳待人、助人为乐，才能在遇到困难的时候获得他人的关心和帮助。

教养箴言

助人乃快乐之本，我们不能有目的地去帮助别人，也不应该有所图。我们在教育孩子的时候要告诉孩子这个道理，让孩子用一颗真诚的心去帮助他人，这样，孩子才能收获更多的快乐。

"百善孝为先"，让孩子学会孝顺

人们常说"百善孝为先"，可见孝顺在各种美德中是排在第一位的。但是现在很多家庭的孩子都是独生子女，孩子理所当然地成了家里的中心人物。很多大人会宠着孩子，久而久之，孩子就会把父母对自己的爱当成是理所当然的，而从来不会去考虑如何报答父母对自己的关爱。

小学六年级的俊俊已经是个大孩子了，本应该帮妈妈做一些家务事，可是俊俊过惯了衣来伸手、饭来张口的生活，什么事都要大人操办，而且不怎么懂得体谅父母的辛劳。比如，每次吃饭的时候，俊俊不是在看电视就是在玩手机，几乎很少帮妈妈张罗摆碗筷，吃完饭随便把筷子一丢就去做自己的事了。

一次，妈妈感冒了，在卧室休息，俊俊在客厅里看电视。妈妈嗓子有点儿哑，有点儿口渴，就让俊俊帮自己倒一杯水。可是几分钟过去了，俊俊仍然沉浸在电视节目中，妈妈又说了一遍，俊俊不耐烦了，对妈妈说："要喝水您自己倒不就得了。"听到这话，妈妈的心凉了半截。

虽然这只是生活中的一个小插曲，爸爸妈妈不必为此太在意，也不能自此就给孩子扣上"不孝顺"的帽子，但是这确实在一定程度上体现出孩子"百善孝为先"这一意识的缺乏。而一个不懂得孝顺父母的孩子，自然也很难去珍惜自己的朋友，关爱他人，这样的孩子又怎能说是有教养呢？因此，父母应该从小注重孩子孝心的培养。那么我们具体应该怎么做呢？

1. 家长要做好孝敬长辈的榜样

父母对待长辈的态度直接会影响孩子对待父母的态度，如果父母都不懂得孝敬老人，孩子自然也很难学会孝敬自己的父母。因此，父母一定要做好榜样，与自己的父母相处时态度谦逊、彬彬有礼，在平时多问候他们，多看望他们，多跟他们聊聊天、说说话，帮他们做些家务。这样，在耳濡目染中，孩子自然就会养成孝敬长辈的好习惯。

2. 从"小"培养孩子的孝心

孩子的孝心要从"小"培养，这里的"小"有两层含义：其一是说时间要趁早，即从孩子渐渐懂事起就要培养孩子的孝心；其二是说要从生活中的点滴小事做起，比如，让孩子为父母端茶倒水，帮父母做家务，帮父母分担一些烦恼，等等。总之，就是要孩子做一些力所能及的事去帮助父母，为父母分忧。

3. 让孩子体会父母的辛劳

孩子如果不知道或是体会不到父母的辛劳，就很难从心底里孝敬父母。因此父母应该让孩子知道自己的辛苦，比如可以和孩子聊一聊自己工作上的事，或是在家里需要加班时让孩子陪在身旁，让孩子体会父母的劳累，从而可以激发孩子的同情心和孝心。

教养箴言 --

培养孩子的孝心，父母要从一点一滴的小事做起，对孩子进行爱心意识和行为的培养，这样孩子就会怀着一颗温暖的心去孝敬长辈，关爱他人。

第八章

给孩子一个好性格，这是形成
好教养的基础

孩子拥有怎样的性格，就会体现出怎样的教养。比如一个性格慷慨的孩子，就不会是不懂得分享的小气鬼；一个性格安静专注的孩子，就不会是难以安静、到处捣蛋的调皮蛋。可以说，好性格是孩子形成好教养的基础，为此，父母应该注重孩子好性格的培养，这样孩子才会由内而发，表现出良好的教养。

活泼开朗的孩子人人爱

谁都喜欢活泼开朗的孩子，因为活泼开朗的孩子总是情绪良好，笑口常开，活泼开朗的孩子不小心眼，不爱生气，善于与人相处，不孤僻……显然，活泼开朗是一种好性格，也是一种好教养。

5岁的檬檬是个活泼开朗的孩子，在她脸上永远洋溢着纯真的笑脸，仿佛所有悲伤的事都与她无关。在家里檬檬是一家人的开心果，在外面她是几个孩子中的"孩子王"，在学校里，她是老师眼里的好孩子。每逢班里有活动，她总是积极参加，是同学眼中的好榜样。檬檬总是能与人愉快相处，深受大家的欢迎和喜爱。

活泼开朗的孩子是快乐的，也是惹人喜爱的。活泼开朗的孩子通常具有高度的主动性和积极性，思维活跃，活泼大方，且能对周围的事情保持一种乐观的态度，待人热情，能与人和谐相处。那么我们该如何从小培养孩子活泼开朗的性格呢？下面是几点建议：

1. 营造温馨愉快的家庭氛围

据研究调查发现，家庭氛围在很大程度上会影响孩子性格的形成。孩子在牙牙学语的时候就已经能感觉到周围的情绪和氛围了，比如当大人吵架时，孩子虽然不懂得父母是在做什么，但是严肃、争吵的氛围会让孩子没有安全感，进而放声大哭。

如果孩子长期处在不和睦、充满暴力气息的家庭氛围中，他便很容易形成孤僻的性格，甚至产生暴力倾向；如果父母给孩子从小营造一个温馨愉快的家庭氛围，孩子在良好氛围的熏陶中不知不觉就会形成活泼开朗的性格。

因此，要想培养孩子活泼开朗的性格，首先父母要为孩子创造一个温馨愉快的家庭氛围。父母尽量不要把工作中的烦恼带回家，夫妻之间有争执要冷静处理，不能在孩子面前吵架，也不要随便对孩子发脾气。

2. 鼓励孩子和同龄小朋友玩耍

有些孩子见到陌生人会比较胆小、害羞，不敢打招呼，更不敢和不认识的小朋友玩耍，这时父母应该给予孩子鼓励，鼓励孩子和他人交往。比如在周末或是节假日的时候多带孩子出去，让孩子体验与人交往的快乐，或是让孩子多和活泼开朗的小朋友接触，孩子慢慢也就会变得活泼开朗起来。

3. 帮孩子摆脱不良情绪的困扰

良好的情绪可以促进大脑和整个神经系统的活动，有益于孩子的身心健康和良好性格的形成。如果孩子经常处于一种积极乐观的情绪中，就会形成活泼、开朗、善良的性格特征。

然而，孩子在成长过程中，总是会受到不良情绪的困扰。有些父母不太懂得关注孩子的情绪变化，如果孩子长时间被焦虑、郁闷、害怕等情绪困扰，就会形成沉默寡言、胆小、孤僻的性格。因此，父母要善于观察孩子的情绪，当孩子有不良情绪的时候，父母一定要及时帮其排解，让孩子远离不良情绪的困扰。要学会和孩子沟通，去理解他的感受，或是教给孩子摆脱不良情绪的方法，如看书、听音乐、玩游戏、运动等等。

教养箴言

在培养孩子的好性格的过程中，良好的亲子关系可谓至关重要。父母应该与孩子建立起良好的亲子关系，让孩子感受到父母的关爱、尊重与信任，这样孩子就会形成亲切、独立、直率、活泼、开朗的性格，且具有协作精神，善于和同伴相处。

让孩子阳光、自信地成长

　　法国儿童教育专家曾说："一个阳光快乐的孩子是一个能自主的孩子，他（她）有能力面对生活中的各种困难，也能在社会中找到自己的位置。"所有父母都希望自己的孩子阳光、自信，但是孩子的好心态、好性格并不是来源于优越的生活条件，而是来自父母的谆谆教诲。以下是一位妈妈写给女儿的一封家书。

亲爱的婷婷宝贝：

　　从你呱呱坠地的那一刻开始，爸爸妈妈就开始这样称呼你，我们喜欢这样称呼你。

　　宝贝，你在我们心里永远是最优秀的，还记得你上幼儿园那一天，是妈妈陪着你去的，你第一次站在讲台上向大家介绍自己，看上去有点儿紧张，小手紧紧地抓着你的粉红色小裙子。你看着妈妈，妈妈给了你一个鼓励的眼神，很快你熟练地完成了自我介绍，让大家认识了你，记住了你可爱的样子，妈妈为你骄傲！

上小学时，你最让妈妈骄傲的是每一次你在"舞台"上的表现，你在讲台上声情并茂地朗诵诗歌，你在国旗下声音洪亮地带领着大家一起唱响国歌，你在舞台上自然大方地主持着班级节目……这些场景，妈妈有的没有看到，不过老师和同学都夸奖你，夸你是个阳光、自信的孩子，所以妈妈为你骄傲！

宝贝，你在我们心里永远是最棒的。妈妈记得每一次遇到困难，你总能很快调整自己，还记得那一次因为竞选学习委员失败了，你很伤心，妈妈告诉你，失败不算什么，失败还是成功之母呢！很快你就凭着阳光的心态重拾自信，并且在自己的努力下，到第二学期的时候，成功实现了自己的小梦想，妈妈也为你骄傲！

宝贝，在以后的成长道路上，你既会遇到平坦的平原，也会遇到险峻的山峰，妈妈希望你能永远保持阳光、自信的心态，因为只要内心充满向上的力量，无论什么事情，都会变得简单！

健康、快乐地成长！

永远爱你的妈妈

2017年11月23日

陪伴是最长情的告白，是父母给孩子最美丽的礼物。相信读了这封妈妈给孩子的告白信，你一定有所启发，正是父母的爱和陪伴，鼓励与赞美，让婷婷变得越来越阳光、自信，越来越出色。这就给予我们启发，让孩子形成乐观自信的性格，良好的家庭氛围必不可少。所以父母一定要为孩子营造一个良好的家庭氛围。当然，这其中也有一些方法。

比如，给孩子积极的心理暗示。从心理学的角度来看，如果父母经常给孩子一些积极的心理暗示，孩子会更容易表现出令人期待的行为。因此，父母在和孩子相处的时候一定要多一些积极的鼓励、赞美，给予孩子积极的心理暗示。

再比如，让孩子学会自己去争取。现代家庭孩子比较少，父母总是习惯于满足孩子的种种需求，这样就让孩子形成了依赖心理。为此，父母应该学会让孩子自己去争取。例如，孩子想要参加班级竞选，父母就要鼓励孩子为竞选做准备，做到品学兼优，和同学搞好关系，做老师的小助手，而不是通过各种方法找老师拉票。当成功得到自己争取来的东西的时候，孩子会特别开心，倍加珍惜，同时孩子也能变得自信、大方、阳光。

教养箴言

陪伴是长情的告白，是给孩子的最好的爱。不妨从现在起，给孩子真正意义上的陪伴，抛开手机、电脑，心无旁骛地陪伴孩子，珍惜陪伴孩子的有效时间，和孩子玩在一起，用心聊在一起。

乐观的心态是快乐的源泉

一个有教养的孩子不仅让人觉得舒服，还能给他人带来快乐。当然前提是孩子自身必须具有乐观的性格。

培养孩子乐观的性格，要从生活中的一点一滴做起，下面我们就来看看天天妈妈是怎么做的。

每天早上，妈妈都会拉开窗帘，先看看外面的天气怎么样。如果是晴天，妈妈会很开心地对天天说："又是一个大晴天，太好了！"如果是阴雨绵绵，妈妈也不会抱怨，而会说："下雨啦，小草、小花们可以喝到水了。"在妈妈的影响下，天天也很乐观，在遇到下雨天的时候不会郁闷、抱怨，而是会看着窗外说："小草和花儿又可以长高啦。"

每天妈妈都要送天天去学校，出小区门口不远，就是一个十字路口，每当遇到绿灯的时候，妈妈就会对天天说："我们今天运气不错，一出门就遇着绿灯了。"如果是遇到红灯，妈妈则会说："正好红灯，妈妈可以和宝贝多说会儿话。"

因为妈妈总是抱着乐观的态度看问题，所以天天也很乐观，即使偶尔有不好的情绪，也能很快自我调节。天天的乐观态度也影响到了周围的人，因此，在天天周围总是聚集着一群活泼开朗的小伙伴。

乐观既是一种积极的生活态度，也是一种性格。孩子乐观的性格就是这样在父母的影响下一点一滴形成的。作为父母，我们不但要展现创造快乐的能力，而且要有乐观的心态，这样经过长期的耳濡目染，孩子就会拥有乐观的性格。当然，培养孩子乐观性格的方法还有很多，下面是几种常见的方法。

1. 鼓励孩子多交朋友

不善交际的孩子大多性格抑郁，总是很孤独，因此，父母应该鼓励孩子多交些同龄小朋友，尤其要让孩子多接触那些性格活泼开朗的小朋友。当然，父母还要让孩子学会和他人融洽相处，做到热情、真诚待人。

2. 引导孩子摆脱困境

即使天性再乐观的孩子也不可能事事都称心如意，他们总会遇到各种各样的挫折，如果能在挫折面前仍然保持一种积极乐观的心态，不抱怨，不发脾气，这才是真正的乐观。因此，当孩子遇到困境时，父母应该引导孩子摆脱困境，比如让孩子学会通过运动、游戏、聊天的方法寻求其他的精神寄托，或是让孩子积极去面对困境，迎难而上，又或是让孩子学会忍耐，从而摆脱一时的困境。这样，孩子从小就懂得如何面对困境，以后无论遇到什么困难，他们都会以乐观积极的心态去面对，而不是怨天尤人，乱发脾气。

3. 让孩子拥有适度的自信

通常来说，拥有自信的孩子也会有乐观的心态。因此，父母可以在日常生活中帮孩子建立适度的自信，比如让孩子做力所能及的事，增强孩子做事的自信心；让孩子适当挑战一些有难度的事，激发孩子前进的动力；等等。当然，父母的夸赞是对孩子最好的肯定，会帮助孩子克服自卑心理，从而树立自信，因此，适当的夸赞必不可少。

教养箴言

平时父母要多让孩子接触一些乐观主义的思想，让孩子明白那些令人不愉快的事情只是暂时的，只要乐观地对待，生活仍然会充满阳光。久而久之，孩子在遇到任何问题时，都能够保持乐观积极的心态。

慷慨大方的孩子最受欢迎

在现代家庭教育中，虽然孩子备受宠爱，但是父母还是很注重对孩子慷慨大方性格的培养。但是现在很多孩子却没有像大人预期的那样慷慨大方，反而是有点儿小气，有点儿自私，让大人很是苦恼。

6岁的文杰一点儿也不文雅，反而是个霸道的小男孩，只要是他自己的东西，别人碰都碰不得，更别提分享给他人了。

一次，爸爸朋友带着一个小弟弟来家里做客，爸爸让文杰和小弟弟一块玩耍。小弟弟刚拿起一块积木，文杰就伸手夺了过来，凶巴巴地说："这是我的，不准你玩！"看着小哥哥这么凶，小弟弟坐在凳子上不敢动了，但小孩子毕竟是小孩子，不一会儿小弟弟又拿起一个玩具小熊，文杰又一把抢了过来，把玩具小熊抱在了怀里，大声嚷嚷道："这个也是我的，你不能玩！"小弟弟被文杰吓着了，"哇"的一声哭了起来……

儿童教养课

　　每位父母都希望自己的孩子慷慨大方，可是孩子的表现常常让我们大失所望，甚至成为他人眼中的"小气鬼"。比如，喜欢吃"独食"，吃的、玩具不让其他小朋友碰；不能忍受一点儿委屈，被其他小朋友不小心踩到了鞋，马上翻脸，"你把我的鞋踩脏了，我不和你玩了"。孩子为什么会这么小气呢？孩子的小气是天生的吗？

　　其实，孩子在成长过程中有一段时期会以自我为中心，总喜欢站在自己的角度考虑问题，所以孩子的小气是孩子心理发展过程中的正常现象，孩子的小气也不是天生的。但是如果孩子长期沉溺在小气的性格中不能自拔，那么将会对他们的健康成长造成不利影响。那么，我们怎样才能让孩子变得慷慨大方呢？

1. 给孩子示范什么是慷慨大方

　　以身作则是影响孩子行为的最有效的方式之一，所以父母应该给孩子示范什么是慷慨大方。比如，在家里来客人的时候，热情慷慨地招待客人；在吃饭的时候，可以问问孩子："想吃红薯吗？妈妈分给你点儿吧"；在朋友需要帮助的时候，尽自己的能力去帮助他；等等。总之，在父母的榜样作用下，孩子自然也会慷慨大方起来。

2. 让孩子学会与人分享

　　孩子学会了分享也就学会了慷慨大方，所以，父母要在日常生活中多给孩子创造分享的机会，让孩子练习分享。比如，有好吃的不要急着吃，而是让孩子分给大家；当有小朋友到家里做客时，让孩子拿出好吃的、好玩的与小客人分享；让孩子和小朋友一起搭积木，体验分享的快乐；等等。当然，对于孩子表现出的慷慨举动，父母要给予赞赏，这样孩子就会很开心，渐渐地，孩子就会自然而然地做出慷慨的举动。

3. 和孩子一起讨论他人的需求

如果孩子凡事只懂得为自己考虑，而不懂得考虑他人的需求，自然会表现出自私的性格特征，所以父母应该让孩子认识到自己以外的世界，让孩子学会考虑他人的需求。比如，当孩子在超市里说"我要牛奶"时，你可以问问他："好吧，这是宝贝想要的，那么你想一想爸爸（或妈妈）需要什么呢？我们买给他（或她）好了。"这样，通过温和的方式提醒孩子要想到他人的需求，孩子也会慢慢变得慷慨起来。

教养箴言

"赠人玫瑰，手留余香。"给予是快乐的，当孩子从慷慨的分享行为中获得快乐的时候，当快乐与爱心在孩子之间传递的时候，孩子慷慨大方的性格也就形成了。

安静专注的孩子人人夸

安静专注的性格是孩子良好教养的一种表现，孩子如果从小就具备这一性格特点，日后也更容易在事业上取得成就。然而，在现实生活中，很多孩子总是坐不住，不能安静下来，因而，那些安静专注的孩子的家长总能让很多家长羡慕。

美美放暑假了，由于美美爸爸工作比较忙，再加上怕他照顾不好孩子，所以妈妈只好把美美带在身边。妈妈有时开会，有时需要忙一些工作，就让在美美自己在一边写作业或是看故事书、画画。美美会很安静地做事，并不会打扰到妈妈，也不会打扰到公司的其他同事。

为此，很多认识妈妈的同事都夸赞美美，有同事不禁问美美妈妈："你是怎么教育孩子的？要是我的孩子，根本待不住，更别说让他安静下来专心做自己的事了，恐怕整个公司都得遭殃。"

像美美一样乖巧听话的孩子能得到大人的夸赞也不奇怪，因为很多孩子都是小淘气包，很少能安静下来。比如我们经常会听到父母们这样抱怨："孩子太闹，经常是不分场合地闹腾""很少有专注的时候，让他安静会儿比登天还难""上课注意力不集中，总是分神""做什么事都是三分钟热度"。其实，从这些家长的描述中我们可以看出，这些孩子都缺乏专注力。

　　那么什么是专注力呢？就孩子而言，用较为严谨的说法就是，孩子能把视觉、听觉、触觉等感官以及心理活动集中在某一事物上且持续一段时间不受外界干扰的能力。通常来说，孩子的专注力越强，越能安静下来。

　　也许有父母有这样的疑问：是不是孩子安静专注了，就不再快乐活泼了呢？其实一个具有良好性格的孩子同时具有安静和活泼这两重性格，即该高兴的时候高兴，该安静的时候安静，能成功驾驭自己的各种情绪。但是如果孩子不具备安静专注的性格，虽然仍然活泼好动，但是却不能很好地专注于一件事情，不能很好地控制自己的情绪和行为，结果是该闹的时候闹得天翻地覆，该安静的时候却安静不下来，这会让人觉得没有教养。

　　那么，我们该怎么培养孩子的专注力，并让安静专注成为孩子的一种习惯呢？下面介绍一种半小时训练法，即每天花上半小时让孩子安静下来。父母可以选择一个恰当的时间段，如晚上，然后从中抽出半小时，告诉孩子在规定的半小时内不能随便发出声音，不能四处跑动，告诉孩子要安静下来，专心做自己想做的事，比如搭积木、画画、看图画书等等。而父母在这段时间也不要去打扰孩子，可以忙自己的事，如去洗碗、整理房间等等，不过需要注意的是，父母做的事不能打扰到孩子。

让孩子养成安静专注的习惯是需要过程的，在这期间，父母不能用太强硬的手段把孩子局限在某个地方，规定孩子半小时之内不能出声，如果孩子比较闹腾，也不要去大肆教训孩子，而应该停止练习，等到明天再试着让孩子安静的时间多一点儿，如果孩子做到了，不要忘了夸奖孩子。这样，一步步的，孩子就会逐渐达到安静半小时的标准，这时你会发现，孩子变得安静专注了许多。

除此之外，在日常生活中，父母可以陪孩子玩一些提高专注力的游戏，如走直线、走平衡木、搭积木、穿珠子等等，也可以做一些提高专注力的练习，如把字母从字符中圈出来、找图片中的细节等视觉训练。

教养箴言

要想让孩子养成安静专注的性格，父母做事就不能三分钟热度，对孩子设定的安静半小时的规定也不能朝令夕改、半途而废。唯有自身做好榜样，让孩子不断坚持，最终才能有所成效。

多一点儿幽默，多一点儿教养

俄国文学家契诃夫曾说："不懂得开玩笑的人，是没有希望的人。"其实，每个人在生活中都应该有一点儿幽默感，因为多一点儿幽默就少一份坏脾气，多一点儿幽默就多一份豁达，多一点儿幽默就多一点教养。

但是，孩子的幽默感不是与生俱来的，很大程度上需要父母的精心培养，下面让我们来看看唐唐的爸爸妈妈是怎么做的吧。

唐唐的爸爸妈妈从小就注重对孩子幽默性格的培养。有时候，唐唐玩完玩具不收拾，妈妈会指着玩具说："唐唐，你看大家都累倒了，你快送他们回家休息吧。"有时唐唐不小心摔倒了，坐在地上哭鼻子，妈妈会一边安抚他一边说："呦，这是谁家的小花猫，把脸都哭花啦。"有时唐唐闹着要买玩具，爸爸觉得唐唐的玩具够多了，于是会对唐唐说："唐唐，你最近的'军费'开支太大啦，国库都亏空了。你看现在是和平时期，我们能不能削减点儿'军费'？"

就这样，在爸爸妈妈幽默语言的熏陶下，唐唐也变得幽默了起来，而且唐唐的幽默性格也给他带来了很多好朋友。

具有幽默感的孩子不仅能为自己带来欢乐，而且还能用他的风趣幽默化解尴尬紧张的气氛，让周围的人感到轻松愉悦，这样的孩子更容易与人沟通，拓展人际关系。除此之外，幽默还能帮助孩子轻松应对生活和学习中的痛苦和压力，让孩子活泼开朗，充满自信，拥有一个乐天、愉悦的人生。

据研究表明，孩子的幽默感有三成是天生的，七成是来自后天的培养。因此，父母要在生活中帮助孩子发现幽默、创造幽默，让孩子的性格中多一点儿幽默的色彩。那么，具体来说我们应该怎么做呢？

1. 做有幽默感的父母

孩子性格的形成受父母性格的影响，如果父母是幽默的人，孩子的性格也多是如此。因此，想要让孩子幽默风趣起来，首先父母要有幽默感，或是懂得欣赏幽默。比如，父母平时要多使用一些幽默语言，通过诙谐语言的运用，让孩子感受到幽默的力量，并逐渐掌握使用幽默的技巧。

例如，当孩子学步摔倒哭闹时，你可以这样安抚他："宝宝，你看你鼻涕流得像瀑布一样，多难看啊。"比起单调的"宝贝不哭"，这种诙谐、幽默的语言更有效。

2. 用亲子游戏引导孩子

在日常生活中，家长可以多跟孩子玩一些有趣的亲子游戏，如躲猫猫、变脸，让孩子在轻松快乐的游戏中产生幽默感。如果是两三岁的孩子，由于正处于模仿敏感期，他们会模仿大人的穿衣打扮或是举止言行，比如他们会穿上大人的鞋子，戴上大人的帽子，模仿大人走路，这些都是孩子幽默感的表现，父母应该予以支持，并陪孩子一块玩一些模仿游戏，如和孩子一起比赛模仿小动物。

当然，家长也可以给孩子讲一些轻松幽默的故事或是让孩子看一些幽默的动画片、电视和电影，如经典的《猫和老鼠》，并引导孩子自己编一些幽默小故事，或是让孩子给影视剧编一个令人捧腹的结局。

教养箴言

孩子的世界单纯而简单，有些孩子们认为有趣、幽默的事，大人看来却未必觉得有意思。但是当孩子向你讲述的时候，你一定不能敷衍、搪塞孩子，而要耐心地倾听，并用微笑表示你的认同。

给予孩子一份"输得起"的性格

作为父母的你，也许遇到过这样的现象：孩子和他人玩游戏时，一旦输了就乱发脾气，死不认输；在学校参加比赛，没有拿到名次就气急败坏，说以后再也不参加了；遇到一点点挫折就打退堂鼓，甚至一蹶不振……其实，这些都是孩子"输不起"的表现。

凡凡正在树荫下和一个小朋友下跳棋，忽然"哗啦"一声，棋盘翻到了地上，棋子撒了一地，凡凡气恼地嚷嚷道："不和你玩啦！"妈妈赶紧过来问是怎么回事，凡凡气呼呼地不说话，小伙伴委屈地说："我们下跳棋，我赢了，他输了，他就生气了。"

妈妈蹲下来对凡凡说："凡凡，胜败乃兵家常事，你怎么能因为输掉一盘棋就和小朋友翻脸呢？"凡凡不听妈妈的话，依旧把双手抱在胸前，一副气呼呼的样子。妈妈继续说："妈妈知道你想赢，其实别的小朋友也和你一样啊，假如是别人输掉了，不甘心，吵着闹着，还把棋局毁了，你会怎么想呢？你还会和他一起玩吗？"听了妈妈的话，凡凡沉思片刻，自知理亏，于是他赶快收拾好地上的棋子，和小朋友道了歉。很快，两个小朋友又玩到了一起。

大多孩子都有争强好胜的心理，无论什么事情，总是希望自己比别人强。从儿童心理学的角度来讲，孩子的"输不起"是一种正常现象，但是如果孩子遇事总是"输不起"，渐渐形成"输不起"的性格，那么就会对孩子的健康心态造成影响。孩子很可能在面对挫折、失败的时候陷入不良情绪中，甚至做出一些不当的举动，如谩骂、打架等等。因此，父母有必要让孩子拥有一份"输得起"的性格。那么，我们具体该怎么做呢？

1. 树立好榜样

父母应该为孩子树立一个正确面对输赢态度的榜样，比如做菜时不小心糊了，不要抱怨，不要太过自责，而要给自己加油打气，"争取下次做好"；公司评选年度员工，如果没有拿到，不要生气，不要埋怨，而是对自己说"新的一年继续努力，只要努力就有回报"；等等。总之，父母做事要保持豁达的心态。

2. 让孩子正确认识失败

有些孩子之所以"输不起"是因为害怕面对失败，其实父母应该告诉孩子，"胜败乃兵家常事"，失败没什么大不了。"失败是成功之母"，失败并不是一件坏事，相反，失败能暴露出自身能力的缺陷和不足，发人深省，催人进步。当孩子能正确认识失败后，就不会再为一时的失败而气馁、乱发脾气。

3. 培养孩子豁达的心胸

唯有豁达的心胸才会"输得起"，但是很多父母却不懂这个道理，于是在教育孩子的时候会经常传达一些错误的价值观，比如孩子和别人打架了，父母会教训孩子："他打你你怎么不打他呢"；孩子在和同学的竞争中输掉了比赛，父母会斥责孩子"真没用，为什么人家就能赢"；孩子和其他小朋友争抢玩具，孩子没抢过，父母会指责孩子"连个玩具也抢不过，真是笨"……试想，在这样狭隘的教育观念下，孩子怎能学会"输得起"呢？因此，父母一定要注意自己的言行，给孩子以正确的引导，培养孩子豁达的心胸。

教养箴言

孩子在经历"输"的时候难免会有一点儿小小的失落，作为父母应该给予孩子安慰和鼓励，帮助孩子重拾自信。另外，还要告诉孩子享受过程比赢得胜利更重要的道理。

第九章

调教气质，有教养的孩子
也应有风度、有风采

　　很多人喜欢用"颜值"来表示一个人的魅力值，其实气质在人格魅力中所占的比重并不比颜值低。比如有些公众人物，他们的长相可能并不好看，但是我们却能从他们的举止、谈吐中感受到他们巨大的人格魅力，这便是气质。一个有气质的孩子头上会顶着充满魅力的光环，不仅表现得有教养，还能将自己的风度、风采一展无遗。

儿童教养课

培养一个举止优雅、谈吐不凡的孩子

一个人的言谈举止反映的是这个人的教养，在生活中，凡是那些彬彬有礼、谈吐高雅的人通常都有更融洽的人际关系，也更容易受到周围人的欢迎和喜爱。对孩子来说也同样如此。不过与传统的言传身教相比，妍妍妈妈教育孩子的做法很是新颖，这到底是怎么回事呢？原来，妍妍妈妈因为工作需要出差到北京，给妍妍写了一封信，信的内容是这样的：

亲爱的妍妍：

最近好吗？出差已经半个月了，妈妈很想你，不知道你有没有好好照顾自己。妈妈希望你能照顾好自己，把自己打扮得漂漂亮亮的，妈妈相信你能做到，因为我的女儿是最棒的！

妈妈在北京一切安好，而且妈妈渐渐喜欢上了这座城市，尤其喜欢老北京人那种温文尔雅的谈吐和富有韵味的京腔，这些都让人感到那么亲切。其实，优雅的谈吐和文雅的举止是一座城市的名片，也是一个人形象的名片。看到他们妈妈不由得想到了你在和同学、朋友交往中一惊一乍、大呼小叫的那些情景。妈妈希望你能认识到这个问题，并改掉那些不文雅、令人不悦的言谈举止，平时不要随便打断别人谈话，更不要在谈话时大呼小叫，要善于倾听他人的想法，等等。当然，妈妈知道你有时说话是言不由心，刚说出话来就后悔了，那么妈妈教给你一个方法，即在说话之前要慎重思考，说话的时候要放慢语速，这样嘴巴就不会跑在思维的前面了。

好了，如果你能做到，妈妈会在空闲的时候带你来北京旅游，这不是你一直以来的愿望吗？所以为了达成你的心愿，你也要自己努力啊！妈妈真希望你能做一个举止文雅、有气质、有教养的好孩子呢。

永远爱你并支持你的妈妈

2017年12月22日

著名教育家斯宾塞曾说："一个人全部品德的基础就是礼仪修养。那些不良的举止和不礼貌不文明的行为，不但对孩子自身发展不利，而且也会严重危害孩子的品性。"因此，为了孩子将来更好地融入集体，更好地适应社会，父母应该注意对孩子良好言谈举止的培养。

首先，要净化孩子的语言环境。一般来说，孩子不文明的语言都来源于周围的环境，要想让孩子文明用语，就要找出孩子说脏话的根源，尽量让孩子远离不良的环境。例如让孩子远离喜欢说脏话的小朋友，远离影视内容中的一些粗言秽语，等等。

其次，向孩子强调文明礼貌的常识。比如，见到熟悉的人要主动打招呼问好；与人发生挤撞不要恶语相加，而要抱着理解、宽容的态度处理问题；与人交谈时态度尊重，语言得当，不要左顾右盼，不要抢话，不要指手画脚；不随便打断他人的谈话；在说话之前要思考，不能口无遮拦；等等。

教养箴言

"腹有诗书气自华"，为此，父母要从小鼓励孩子多读书，多学知识，以此开阔孩子的视野，丰富孩子的见识，这样也能提升孩子的涵养，让孩子从言谈举止中透露出优雅的气质。

树立审美观，培养孩子美的姿态

一提到审美，我们最先想到的往往是"颜值"这个词，这可能是很多人对于审美的概括。但是这样的审美观显然太过肤浅，而提到孩子的审美观时父母更是会忽略这个概念，因为相对于审美，父母往往更关心的是孩子的智力、学习。

其实，一个人审美水平的高低将直接反映在一个人的气质上和教养上。对于孩子来说，如果孩子拥有正确的审美观，自然会显得有气质，有教养；而一个孩子整天穿得花里胡哨，只知道攀比，或是邋里邋遢，不注意自己的形象，自然不会给人留下好印象。

8岁的芸芸家里条件不是很宽裕，但是芸芸却很爱美，每当看到同学穿着各种名牌的衣服或是戴着什么漂亮首饰的时候就很羡慕。一次，芸芸看到一个女同学穿了一件貂皮的小马甲，羡慕极了，于是她就和妈妈说："妈妈，我们班有一个女生今天穿了一件貂皮小马甲，可漂亮了，妈妈您觉得漂亮吗？"妈妈一时不知道该怎么回答，只好微笑着点了点头。

妈妈知道芸芸是越来越爱美了，但是觉得芸芸应该形成正确的审美观。于是妈妈买了几种不同颜色的毛线，给芸芸织了一件样式新颖的毛衣，而且还在上面绣上了芸芸最喜欢的芭比娃娃，芸芸开心得不得了，因为很多同学都夸她的衣服漂亮。

后来妈妈问芸芸："芸芸，你觉得是妈妈给你织的毛衣好看还是你之前说的同学的貂皮小马甲好看呢？"

"当然是妈妈织的毛衣好看了，那样的衣服虽然也好看，但是也有点儿俗气。"芸芸开心地回答。

爱美之心人皆有之，孩子也是一样，但是孩子的认知水平有限，在对美的追求中还缺乏鉴赏能力，缺少必需的知识，所以会产生一些不正确的审美观，比如认为衣服越贵越好，越鲜艳越好，越是名牌穿起来越好看，等等，这是很正常的。这个时候，父母不要粗暴地去纠正孩子，而应该像芸芸妈妈那样，巧妙地引导孩子的审美观念。当然，作为父母，我们不能总是等到发现问题才去解决，而应该帮助孩子从小树立正确的审美观，让孩子去追求美，使其形成健康、正确的审美观念。

比如，在日常生活中，父母可以给孩子这样的熏陶：穿着不以华丽鲜艳为美，而以干净朴素为美；不刻意追求名牌，以穿着大方得体为美；不和别人攀比，只有适合自己的才是最好的；穿着除了朴素整洁外，还应该符合自己的身份；不穿奇装异服；等等。

教养箴言 ┈┈┈┈┈┈┈┈┈┈┈┈┈┈┈┈┈┈┈┈┈┈┈┈┈┈┈┈┈┈┈○

　　孩子虽小，也有自己的审美态度。父母在对待孩子的审美观的时候要秉持客观的态度，细心地观察孩子的内在需求和特质，用理解和尊重来包容孩子，用正面的引导去帮助孩子树立正确的审美观。

提高孩子的品位，品位也是一种教养

品位无时无刻不在塑造着我们对外界的感知、对他人的态度，甚至在某种程度上，品位决定了我们生活的质量。那么孩子也有品位吗？

孩子也是有品位的，我们往往自以为了解孩子，但其实有时真的不了解孩子的品位。不过孩子在懵懂的年纪，很容易被错误的品位所诱导，比如认为华丽的衣服、高端的轿车、贵重的首饰才是好品位的代名词。因此，家长要让孩子从小认识到什么才是好的品位，纠正孩子不良的品位。

日本知名音乐家、教育家山本美牙曾采访过数百位日本教育界人士，并根据自己的经验总结出了培养孩子品位的一些方法。

1. 亲近大自然

一个亲近大自然的孩子势必不会被眼前的物质生活蒙蔽双眼。不妨带孩子多亲近大自然，让孩子感受大自然的丰富色彩，欣赏天然的美好事物，这样孩子的品位自然不会差。

2. 培养孩子的乐感

音乐本身就有一种美感，而且懂得欣赏音乐也是有品位的一种体现。对于孩子来说，家长除了给孩子听一些儿歌外，还可以经常给孩子听一些高雅的音乐，如古典乐、轻音乐等。例如在晚上睡觉的时候为孩子放上一首柴可夫斯基的《天鹅湖》，或是放上一首莫扎特的《小星星变奏曲》，这不仅有助于孩子的睡眠，还能慢慢提高孩子的品位。

3. 教孩子品位质感

衣服有衣服的质感，食材有食材的质感，父母应该教孩子去感受一切事物的质感，让他们去触摸、去聆听、去品尝，从而认识各种事物的本来面目。比如在买衣服的时候可以教孩子辨别衣服质感的好坏；在听音乐的时候让孩子尝试辨别歌曲的内容是高雅还是通俗；等等。

4. 教孩子从一切艺术中汲取养分

在日常生活中，父母应该教孩子学会从一切艺术中汲取养分，提高自己的品位，如音乐、电影、文学、绘画、建筑等等。当沉浸在艺术世界里的时候，孩子的品位自然会提高。

儿童教养课

　　一个人的品位是要在长久的生活中慢慢磨炼出来的，而孩子的品位的形成与父母的品位息息相关。因此，要想让孩子有品位，父母就要不断提升自己的品位，做有品位的父母。

塑造孩子无穷的人格魅力

在大家眼中，6岁的琪琪是一个很有魅力的女孩子，因为在琪琪的身边，总有一群小朋友围着她转，她在朋友中也很有影响力。琪琪是怎么做到这一点的呢？原来琪琪有看绘本、做手工的爱好，她经常把看完的绘本借给其他小朋友看，而且还会和大家一起创作手工作品。大家一起沟通、一起创作的过程中，有时候会遇到一些小矛盾，琪琪就在中间进行调解。因此，渐渐地，琪琪就获得了小朋友们的普遍认可。

其实大家愿意跟随在琪琪左右，围绕着她玩，是因为琪琪具有强烈的人格魅力。那么，究竟什么是人格魅力呢？简单来说，人格魅力是来自于我们内心的一种感受，比如我们一见到某个人，就立刻被那个人所吸引，或我们平时总是喜欢和某些人相处，那是因为这些人能让我们喜悦，能让我们情不自禁地欣赏。

那么对于孩子来说，他们需要具备一定的人格魅力吗？答案是肯定的。不过一些父母会对此提出疑问："人格魅力"一词是否对于孩子来说为时尚早？其实人格魅力包含的内容极其广泛，比如：幽默的谈吐；时刻散发出的自信；彬彬有礼的举止；等等。这些内容都和孩子的素质、教养息息相关。因此，我们在此只讲述帮助父母塑造孩子人格魅力的几大主要方法。

1. 给孩子陪伴式的教育

父母是孩子人生的第一任老师，父母的一个动作、一个眼神，甚至是看不到的精神世界都会潜移默化地影响孩子，所以孩子的人格魅力大多会受到父母的影响。为此，父母应该做好陪伴式的教育工作，无论多忙都要抽出时间陪伴孩子，同时做好以下两方面的工作：一方面要提高自己的人格魅力，成为孩子效仿的好榜样；另一方面要营造一个民主、和谐的家庭氛围，这样有利于孩子形成自信、自尊、自控等积极特质。

2. 教孩子学会分享和沟通

人格魅力是在性格、气质、能力等方面能够吸引人的力量，而在群体生活中，孩子如果拥有与他人沟通、分享的能力，就得到他人的容纳、认可，且能与他人和谐相处，这样的孩子往往会拥有一定的人格魅力。因此，父母应该教孩子学会分享和沟通，学会感恩和宽容，让孩子以积极乐观的心态解决群体生活中遇到的种种问题。

3. 培养孩子独立生活的能力

一个完全听父母的话、没有一点儿自己的主见、没有独立生活能力的人不可能是一个有着良好人格魅力的人。因此，父母应该让孩子学会独立成长，让孩子具备即使没有父母在身边照顾也能坦然地应对生活中的挑战的能力。

作为父母，要想塑造孩子的人格魅力，自己首先要具备一定的人格魅力，这样才能吸引孩子，让孩子接受良好的熏陶，这就需要父母不断学习，不断提升智慧和才能，不断完善自己。

孩子应该拥有自己的兴趣、爱好

萍萍在大家眼里是一个品学兼优的孩子，每天放学后，她会很快完成作业，从来不拖沓，而且正确率很高。完成功课后，萍萍会开始画画、练字，然后再看半个小时课外书……除此之外，萍萍还有很多其他的兴趣爱好，如唱歌、跳舞、钢琴、小提琴、手工、跆拳道……所以在大家眼里，萍萍还是个很有气质的女孩子。而且对于萍萍来说，这些兴趣爱好就是她的生活休闲方式，不是她的负担。那么萍萍是怎么做到这一点的呢？

原来，萍萍的爸爸妈妈就有广泛的兴趣爱好。比如，妈妈喜欢唱歌、跳舞，萍萍就跟着学，爸爸喜欢看书、跆拳道，萍萍也不甘落后。而且这个过程很自然，萍萍觉得玩得很开心。

很多父母十分注重孩子兴趣爱好的培养，像萍萍的爸爸妈妈一样，用言传身教的方式去影响孩子。当然，现在普遍的一种现象是送孩子去各种特长班学习，不过如果你细心观察从培训班出来的孩子，你会发现这样一些现象：有的孩子上完课后笑容灿烂，急着和家长分享老师对自己的表扬和自己的进步情况；有的孩子则面无表情，一路沉默地跟着父母回家；有的孩子脸上的表情很复杂，既像是痛苦又像是如释重负的感觉。之所以出现这样的现象，可能是因为对于这门课的学习，有的孩子喜欢，有的孩子讨厌，有的孩子不喜欢也不讨厌。如果孩子不喜欢，即使家长花时间和精力去培养孩子的兴趣爱好，效果也不会很理想。因此，家长应该鼓励孩子培养自己的兴趣爱好，那么我们具体该怎么做呢？

1. 创造良好的家庭环境

出生在书香门第家庭的孩子，大部分都爱看书，所谓"近朱者赤，近墨者黑"，父母应该尽量为孩子创造一个积极向上的环境。同时父母应该从自身做起，培养自己的一些兴趣爱好，这样不仅能让自己的生活丰富多彩，还能成为孩子学习、模仿的好榜样。

2. 发现孩子的兴趣所在

英国著名作家莎士比亚曾说："学问必须合乎自己的兴趣，方才可以得益。"即只有合适的兴趣，才能提升素养、陶冶情操。每个孩子的兴趣爱好不尽相同，有的喜欢运动，有的喜欢书法、绘画，有的喜欢音乐、舞蹈。父母要善于发现孩子的兴趣所在，比如在日常生活中多留意孩子的一举一动，多和孩子沟通，多问问孩子喜欢什么，等等。

3. 尊重孩子的兴趣爱好

作为父母，"望子成龙，望女成凤"是所有家长的夙愿，而且有些父母为了弥补自己年轻时的遗憾，强迫孩子去学习那些他们根本不感兴趣的东西，比如孩子明明喜欢画画，却非要让孩子去学习舞蹈。其实这是不尊重孩子的表现，同时这样做的效果也并不是很理想，即使孩子硬着头皮去学，也是三心二意。因此，对于孩子的兴趣爱好，只要是正当的、积极向上的，父母就应该给予尊重，这样才能让孩子充分发挥自己的潜能。

教养箴言

对于孩子的兴趣爱好，父母应该秉持两种态度：第一，不能因为自己不喜欢就阻止孩子；第二，不要因为一次的失败就打击孩子的兴趣爱好。相反，在孩子遇到困难的时候，父母要多给一些指导和意见，多给他们一些鼓励。

让孩子成为一个优秀的决策者

你的孩子是否有这样的表现：遇事没主见，犹犹豫豫拿不定主意，总是习惯模仿他人，人家做什么，自己就做什么……其实，这些都是孩子缺乏决策能力的表现。

著名心理学家吉姆·泰勒博士曾说："决策是重要的，因为孩子们将来的决策决定了他们生命的路径。"当孩子们还小时，他们的决策往往是出于他们各自的喜好，而当他们渐渐长大后，他们的决策则会影响他们的生活方式，甚至影响到他们的人生轨迹。

一个有风度、有风采的孩子应该具备良好的自我决策能力，这样才可能在人生的十字路口做出正确的选择。因此，作为父母，我们应该从小训练孩子的决策力，培养孩子良好的思维方式、自主性以及独立思考的能力，从而让孩子成为一个智慧的决策者。以下是关于如何培养孩子决策能力的几点建议。

儿童教养课

1. 让孩子自己去选择

父母出于对孩子的溺爱，往往在孩子能够自己做出选择的时候帮孩子做各种各样的决定，如"这次数学竞赛你必须参加""今天穿这件衣服吧""今天风大，不要出去玩了"……结果孩子越来越缺少自主意识。因此，父母应该学会放手，让孩子自己去选择，这样他们才会感觉到自己是生命的主宰，从而有信心去开创属于自己的人生。

2. 给孩子一些选择建议

鼓励孩子自己做决定，并不是说句"你自己做决定吧"就放任不管了，由于孩子心理及思维能力的不成熟，他们并不总能做出正确的选择，甚至有时做出错误的选择。因此，父母在给孩子选择的权利的同时也应该给孩子一些选择建议。比如，早上孩子穿衣服时，你可以让他自己选择想要穿的衣服，同时也可以给他一些建议："妈妈觉得穿这件衣服更能突显你的气质，你觉得呢？"再比如，孩子想参加演讲比赛，但是底气不足，有些犹豫，你可以给他这样的建议："这是一次很好的锻炼机会，还能展示你的才华，你考虑一下吧。"

3. 让孩子学会三思而后行

由于孩子缺乏经验，他们的决策往往受冲动和即时满足的影响。一方面，父母要给孩子提供一些建议，另一方面，孩子自己的选择还是尽量交给孩子自己做，因此，要让孩子学会三思而后行。比如，在孩子做出决策之前，家长可以让孩子问自己这样一些问题："为什么我要这样做？""这样做的后果是什么？""我还有什么选择？"等。

4．让孩子体验错误的决策

很多父母会问，如果让孩子自己选择，做出错误的决策怎么办呢？其实，有时候错误的决定往往会发挥巨大的作用，帮助孩子成为一个优秀的决策者。因为孩子会在错误的决策中吸取教训，为了避免下次再犯同样的错误，他们会在新的选择面前学会更全面地思考，学会谨慎决定。

教养箴言

培养孩子的决策能力可以从游戏入手，比如棋盘类、纸牌类的游戏或是其他一些规则性较强、多步骤的游戏，这些都可以锻炼孩子的决策能力。

有意识地培养孩子的公德意识

良好的社会公德意识是一个人品质和文明程度的外在表现。一个人如果拥有一颗公德心，自然会受到他人的尊重，也会很容易融入社会大家庭中。因此，我们要从小培养孩子良好的公德意识。

放学的时候，爸爸开车带着秀秀回家。路过街角的一个小商店，爸爸给秀秀买了一根冰棍，秀秀开心地吃了起来。可是等到秀秀吃完冰棍要扔包装袋的时候，却发现路边没有垃圾箱，秀秀只好把包装袋拿在手里。等回到家的时候，爸爸发现秀秀手里沾着奶油的包装纸，责怪道："你怎么不把包装袋丢了呀？看吧，弄一手。"

"没有看到垃圾桶嘛。"秀秀委屈地说。

爸爸这才恍然大悟，于是对秀秀说："秀秀不随便乱扔垃圾，是个有公德意识的好孩子，爸爸应该表扬你。不过下次遇到这种情况的时候你要告诉爸爸，爸爸帮你找垃圾箱，好不好？"

"好！"秀秀扬起笑脸回应爸爸。

看到秀秀傻傻地把沾有奶油的包装纸攥了一路，爸爸有些许责怪，但是听到女儿的解释后才恍然大悟，原来女儿是因为没有看到垃圾桶。不随便乱扔垃圾，虽然是一件小事，但是却能表现出一个人的教养，也是一个人公德意识的体现。

社会公德是最基本的公共生活准则，是每个公民应尽的义务，父母无不希望自己的孩子成为一个有着良好社会公德的人。但是我们在日常生活中却总能发现这样的现象：在公共场所孩子乱嚷乱叫；在游乐园玩时不排队；上公交车时抢座位；随便践踏草坪、采摘花园里的花朵……遇到这样的孩子，我们总会摇头叹息一句："真没教养！"既然我们都不希望自己的孩子成为他人眼中没教养的坏孩子，那么就要培养孩子的公德意识，让孩子遵守起码的社会公共生活准则。那么我们具体应该怎么做呢？

1. 父母要以身作则

父母既是孩子的第一任老师，也是孩子的第一公德标准。父母的言行，如说话的语气、做事的态度等都会成为孩子学习和模仿的对象，并潜移默化地影响孩子价值观和行为方式的形成。因此父母一定要以身作则，自觉做孩子公德的榜样，比如过马路要等红灯，不随手乱扔垃圾，不在公共场所吵闹，等等。

2. 培养孩子良好的道德认知

道德认知是产生道德行为的基础，但是孩子由于年龄小，并且缺乏生活阅历，对是非、美丑、善恶有时难以做出准确的判断，可以说道德认知尚未成熟。因此，父母应该培养孩子良好的道德认知，比如经常给孩子讲中华传统美德故事，让孩子看一些有关良好行为习惯养成的书籍，等等。

3. 帮孩子形成良好的道德行为

形成良好的道德认知能激发孩子的道德行为，当然这个过程还需要父母的引导与提醒。比如提醒孩子：在图书馆的时候要轻声慢步；在购物结账的时候要排队；在乘车时不要拥挤，要给年纪大的人让座；外出时遵守交通规则；等等。当孩子做出这些举动的时候，父母要给予孩子鼓励和表扬，以此不断强化孩子的道德行为。

教养箴言

对孩子公德意识的培养是一个长期的过程，需要父母耐心的正面引导。如果孩子有违反社会公德的行为，父母要正面说教，要动之以情，晓之以理，让孩子明白错在哪里，该如何改正。

第十章

塑造品质，让美好品质装点
孩子的教养内涵

　　著名作家毕淑敏认为教养是"因教育而养成的优良品质和习惯"，所以衡量一个人是否有教养，不在于他读过多少书，有着怎样的家庭背景，而在于他的内心。一个真正有教养的孩子应该具备这些美好品质：诚实、信守承诺、承担责任、谦虚、吃苦耐劳等。

孩子故意撒谎，让孩子学会诚实

诚实是一种可贵的品质，对于孩子的成长来说有着重要的意义。为人诚实不仅能让孩子在人际交往中获得更多的尊重和信任，还能让孩子感受到更多的关怀。我们都喜欢诚实的孩子，都希望自己的孩子拥有诚实的品质。但是事实有时却告诉我们：孩子总是有意无意地撒谎。

上午妈妈在逛商场的时候买回一个花瓶，把它放在了客厅的柜子上，顺便在里面插了一束花。可是等到下午的时候，妈妈却发现瓶子不见了，瓶子里的花儿也不见了，接着在垃圾桶里妈妈找到了碎了的花瓶和残败的花儿。妈妈去问朵朵，"朵朵，你看到妈妈的花瓶了吗？"

"没，没看到。"朵朵有点儿慌张。

"那妈妈的花瓶怎么碎了，还被扔到了垃圾桶里？"妈妈问。

"是，是小猫打碎的，刚才隔壁家的小猫从窗户里跳了进来，打碎了花瓶，然后就出去了。"朵朵吞吞吐吐地解释说。

"那是小猫把碎掉的花瓶收拾起来扔到垃圾桶里的吗？"妈妈从朵朵的表情和声音里看出了端倪，有点儿严肃地问。

朵朵支支吾吾地不说话了。妈妈的态度和蔼下来，半蹲着身子，看着朵朵的眼睛说："朵朵，一个孩子犯了错误，只要她承认错误，就会得到大家的原谅，因为她是个诚实的孩子。但如果她一直撒谎，大家都不会喜欢她。"

"妈妈，对不起，是我不小心把瓶子打碎了。刚才我过去……"朵朵开始交代实情。

其实没有不撒谎的孩子，孩子撒谎是其成长过程中的一个正常现象，大多数孩子撒谎是因为怕大人责罚，比如上面的例子中，朵朵在打碎花瓶后怕妈妈骂自己，就选择了撒谎。面对孩子的撒谎行为，父母应该及时地引导孩子，让孩子学会诚实。案例中朵朵妈妈的做法就很值得我们借鉴，朵朵妈妈没有训斥孩子，而是在询问中让朵朵露出破绽以后，动之以情，晓之以理，让朵朵承认了错误。当然，孩子撒谎的原因有很多，当孩子撒谎时，父母要学会寻找孩子撒谎的原因，然后对症下药，这样才能解决问题。

除此之外，父母还可以培养孩子诚实的品质，当孩子把诚实作为自己的道德标准后，撒谎现象自然就会减少。比如家长在日常生活中要为孩子树立好榜样，为人诚实守信，做一个有责任心、诚实待人的人；为孩子营造一种真诚、互信的家庭氛围，让孩子体会到被信任的感受；告诉孩子撒谎的危害，如撒谎可能会失去父母、老师、同学、朋友对自己的信任；等等。

教养箴言

诚实的品质不是一朝一夕就能形成的，而需要一个缓慢积累的过程，因此需要孩子长期的坚持和耐心。这也需要父母付出耐心，将对孩子的诚实教育渗透到日常生活的点滴琐事中。

经常耍赖皮，让孩子信守承诺

"人而无信，不知其可也"，一个人唯有信守承诺才能获得别人的信任和尊重，而一个能信守承诺的孩子自然也会得到大家的喜爱。要想让孩子信守承诺，离不开父母在生活中的教育指导，父母应该告诉孩子：什么事情要么不说，说了就一定要想办法做到。

周五的晚上，妈妈告诉冬雨明天自己要去早市，冬雨说她也要去。于是妈妈和冬雨约定，让冬雨一定要在七点之前起床，然后快点洗漱、吃饭，因为这样才能赶得上早市。冬雨点点头答应了。

可是第二天早上，冬雨完全把自己和妈妈的约定忘到了脑后。妈妈叫她起床，冬雨磨磨蹭蹭，抱着自己的小枕头就是不撒手。好不容易起床了，冬雨却对妈妈说："妈妈，我想玩乐高。"

"如果你玩乐高，我们就不能去赶早市了，所以是玩乐高还是去赶早市，你自己选择吧。"妈妈提醒道。

冬雨极不情愿地去刷牙、洗脸，一直磨磨蹭蹭，吃饭的时候又一会儿要这样，一会儿要那样，等到吃完饭要出门的时候已经八点了。妈妈说："现在妈妈有点儿事要出去喽，你可以在家待会儿，也可以去找邻居的豆豆玩会儿。"

"妈妈，我们不是要去赶早市吗？我还要买好吃的呢。"冬雨有点儿不开心。

"你看看表，现在都八点多了。"妈妈解释道。

"不是约好今天要去的嘛。"冬雨开始较真。

"嗯，是的，可是你遵守我们的约定了吗？妈妈告诉你今天要早点起，不能磨蹭，你是怎么做的？而且妈妈刚才已经提醒你了，所以，没能去早市都是你不遵守承诺造成的，你自己好好想想吧。"

说完，妈妈就出门去了。

经过这件事，加上妈妈对冬雨的教导，冬雨渐渐明白了遵守承诺的重要性，在和他人约定一些事情的时候也学会了遵守彼此的约定。

很多妈妈都会有类似的烦恼：孩子总是不信守承诺，说话不算数，比如他们说"看一会儿电视就去写作业"，结果一直等到想要看的节目结束了才恋恋不舍地离开电视。再比如，到了商场，他们说"我就看看玩具，我不买"，结果把玩具抱在怀里就不走了。总之，孩子对自己说的话会经常耍赖皮。父母不要小看这个小毛病，如果日久天长让孩子形成习惯，孩子就会养成言而无信的品性。因此，父母要培养孩子从小信守承诺的好品质。

作为父母，我们是孩子最信赖的人，那就要为孩子做出信守承诺的好榜样，答应孩子的事尽量做到，如果食言要给孩子合理的解释。另外，在平时我们也可以多给孩子讲一些有关诚信的故事，如"商鞅立木为信""季布一诺千金"等等，在日常生活中对孩子的言行进行监督，如果孩子有不守承诺的表现，及时纠正并引导孩子。

教养箴言

父母对孩子的承诺，应该是积极向上、有利于孩子健康成长的，而不应该是在孩子面前随便夸下海口，胡乱许诺。而对于孩子提出的一些不正当要求，父母也要坚守原则和底线，该拒绝的时候就要拒绝。

让孩子在错误中学会承担责任

同样是犯了错，一个有教养的孩子会主动认错，勇敢地承担起自己应负的责任，而一个缺乏教养的孩子则会选择掩盖错误，逃避责任。

这周末，妈妈和佩佩约好要去图书馆，到了图书馆门口，妈妈领了两张代书卡，一张交给了佩佩，一张留给了自己。佩佩拿着代书卡去了儿童读物区，在神话故事类书籍那边停了下来，然后抽出了一本书蹲在地板上津津有味地看了起来。

妈妈轻轻地走过来对佩佩说："佩佩，你拿着书去那边的桌子上看吧，这样蹲着多难受。"佩佩点了点头，刚一起身，只听"咔"一声响，母子俩闻声看去，只见代书卡在佩佩的脚底折成了两半。

"代书卡断了，妈妈，怎么办？"佩佩有点儿惊慌失措，把代书卡捡起来拿在手里，试着把两块合在一起，但是由于没有黏性，粘不住，佩佩用乞求的口吻问妈妈。

"这样吧，你去跟那边的阿姨道个歉，阿姨看到你这么诚实，是不会凶你的。"

佩佩犹犹豫豫，还是不敢去。于是妈妈说："那妈妈陪你一起过去吧，然后你跟阿姨说。"佩佩这才点了点头，鼓起勇气向门口的图书管理员走去。

"小朋友，怎么了？"一位年轻的管理员阿姨看到佩佩欲言又止的样子热心地问。佩佩低着头不敢回答，阿姨接着问，"是不是要还书呢？"佩佩摇了摇头，转过头看了看妈妈，妈妈对他努了努嘴，于是佩佩鼓起勇气说："我不小心把代书卡折断了。"

"没关系，下次小心一点儿就好了，把代书卡给阿姨吧。"阿姨和蔼地说。

"谢谢阿姨。"佩佩看到管理员没有责怪自己，很高兴，拿出了兜里的代书卡。

出了图书馆，妈妈对佩佩说："佩佩，我们做错了事，就要勇敢地承担责任，你看刚才你跟管理员阿姨道歉的时候阿姨并没有责怪你。"

"嗯，妈妈我记住了。"佩佩点了点头。

当佩佩不小心折断把代书卡时，妈妈并没有斥责孩子，或是让孩子选择视而不见，逃避责任，又或是替孩子承担责任，而是鼓励孩子去主动承认错误。最后在妈妈的鼓励下，佩佩勇敢地认了错，也得到了管理员阿姨的原谅。

孩子犯错误，是他成长中必经的体验。孩子犯错时，应该懂得去主动认错，承担相应的责任，这是一个有教养的孩子应有的表现。然而，在现实生活中，很多父母都习惯为孩子找借口，如"孩子还小""孩子不懂事"等，把孩子犯的错，孩子该承担的责任扛到自己肩上，其实这样做无疑是剥夺了孩子承担责任的机会。长此以往，势必导致孩子责任意识的缺失。因此，当孩子犯错时，父母要学会让孩子去认错并承担责任，试着让孩子去承担犯错的后果。

教养箴言 ---○

犯错是孩子必然的经历，我们不能苛求孩子不犯错误，但是孩子犯错时我们应该耐心地引导、巧妙地惩戒。俗话说"吃一堑，长一智"，让孩子在犯错中学会承担责任，为过失负责，长期坚持就能培养起孩子的责任心。

◄- -

不做"自大狂"，让孩子学会谦虚

我们都知道"满招损，谦受益"的道理，也知道"谦虚使人进步，骄傲使人落后"，同时我们也希望自己的孩子能够谦虚谨慎。但是我们会发现孩子常常因为自信心的膨胀而变得骄傲自大。

比如，有的孩子因为学习成绩好，就瞧不起成绩差的同学，甚至觉得自己什么都比人家厉害；有的孩子取得一点小小的成绩就骄傲自满，认为是自己天生就是学习的料子；有的孩子因为他人的几句夸赞，就翘起自己骄傲的小尾巴；等等。

来看看下面的小故事，看看姣姣小朋友是如何一步步翘起自己的小尾巴的，姣姣爸爸又是怎么应对的。

姣姣长得很漂亮，并且学习成绩优异，是班里的学习委员，也是每年优秀学生评比中的"三好学生"。爸爸妈妈对她称赞有加，老师对她赞不绝口，所以渐渐地，姣姣就有点儿飘飘然了，在学校里处处表现得非常"清高"。她不太愿意和成绩不好的同学玩耍，如果有人向她请教问题，她也不好好帮助解答，甚至还会数落人家。而对于任课老师，姣姣也表现得不尊重，总觉得老师的水平也不过如此，自己自学也能学习到课堂上的知识。

姣姣最敬重的是自己的爸爸。姣姣非常喜欢和爸爸聊天，因为她觉得爸爸懂得比自己多很多。而且姣姣有时还会和爸爸分享自己写的日记，一天，爸爸从姣姣的日记中看到了姣姣骄傲的苗头。日记内容如下：

今天，我和数学老师发生了争执，原因是我写错了一个小数点。我觉得这没什么，但是老师却说我写作业不认真，我看他是在故意找我麻烦。还有那些学习不好的同学，真是太烦人了，总来找我问一些很简单的问题，我都懒得给他们解答……

爸爸看完姣姣的日记没有说什么，而是写下了一张纸条，放在了姣姣的床头。纸条内容如下：

姣姣，老师批评你不是故意找你麻烦，而是希望你能进步，希望你谦虚；同学们找你问那些简单的问题，是因为那些问题对于他们来说真的很难，他们希望得到你的帮助，但是你的骄傲却让他们感到羞愧。对此，爸爸希望你懂得"满招损，谦受益"的道理，希望你能做个谦虚的孩子。

看到爸爸留下的纸条后，姣姣深有感触，认识到了自己错误。

著名剧作家莎士比亚曾说："一个骄傲的人，结果总是在骄傲里毁灭了自己。"的确，骄傲是人生的大敌，相反，谦虚则是让孩子不断进步、不断成长的必备品质。因此，父母应该让孩子学会谦虚。那么我们具体该怎么做呢？

1. 在日常教育中让孩子学会谦虚

在日常生活中，父母应该给孩子讲述"满招损，谦受益"的道理，或是通过一些故事让孩子认识骄傲的危害，告诉孩子古今中外凡是有所作为的人，都是在取得成绩后仍能保持谦虚奋进的人。比如孔子、牛顿，贝多芬，他们都是有大智慧的人，但是却很谦虚，而且还虚心向不如他们的人学习。

2. 对孩子的表扬要适度

心理学家发现，生活中孩子骄傲、自负性格的形成与父母有着很大的关系，一些父母在教育孩子的时候总是轻易地、过多地对孩子进行表扬。不可否认，表扬确实能在一定程度上起到激励的作用，但是过犹不及，表扬多了孩子就可能飘飘然。因此，父母要把握好表扬的度，对孩子进行适度的表扬。

3. 让孩子正确面对批评建议

批评往往直指一个人的缺点，如果一个人能够接受批评，他就能在批评中看到自己的缺点，从而加以改正，不断进步。因此，父母应该告诉孩子这个道理，让孩子正确面对他人的批评，不断充实、完善自己。

儿童教养课

    如果孩子总是骄傲自大，父母不妨给孩子泼点"冷水"，比如，改变评价孩子的方式，对孩子少一些夸赞，并在尊重事实的基础上指出孩子的不足，帮助孩子正确认识自己。

告诉孩子"胜不骄，败不馁"的道理

　　孩子在成长的过程中会经历许许多多的胜利和失败，有些孩子在取得一点成绩的时候很容易翘起自己的小尾巴，而当遇到失败的时候则跟泄了气的皮球一样，不能坦然接受。其实，胜利固然可喜，但是不可骄傲，失败固然令人丧气，但也不可失去斗志。"胜不骄，败不馁"，是一种可贵的品质，也是我们应该教给孩子的道理。

　　看到小区里一些小朋友在玩轮滑，皮皮羡慕不已，总是吵着要买。在皮皮的软磨硬泡下，他终于如愿以偿地得到了一双轮滑鞋。每天晚上，皮皮都要出去练习，跟皮皮一起练习轮滑的一个小朋友叫波波，两个人经常一起练习。波波虽然只比皮皮大一岁，但是体重却快要赶上两个皮皮了，长得肉滚滚的，滑起来动作也不怎么好看。而皮皮身材小巧，动作灵活，所以经常得到路过的叔叔阿姨的夸奖，皮皮听到耳朵里十分得意，有时候还会对波波说："你太笨了。"

皮皮有点儿骄傲自大，练习也不再那么勤快，反而是波波一直在那里刻苦地练习。就这样过了一个星期，波波学会了新动作，而且比皮皮要熟练、流畅得多，大家一致把夸赞给了波波。这下皮皮不高兴了，自己气呼呼地、一个劲儿地练习，谁都不敢跟他多说一句话。而且皮皮越是着急越容易摔跤，摔倒后还经常对着波波撒气。

像皮皮一样，遇到一点儿小小的胜利就翘起高傲的尾巴，遇到一点儿小小的失败就懊恼、撒气的孩子在生活中很常见。其实这些行为也是孩子缺乏教养的一种表现，父母应该让孩子懂得"胜不骄，败不馁"的道理。

比如，当孩子因为在学习中取得好成绩，或是在比赛中取得好名次而得意忘形的时候，父母可以给他一些表扬，但是也应该告诉他"人外有人，山外有山"，告诉他"谦虚使人进步，骄傲使人落后"，让孩子明白取得一时的胜利并不能代表什么，还要不断努力才能更上一层楼。而当孩子在学习、生活中因为失败而灰心丧气时，父母应该告诉孩子一次失败没有什么，因为没有人是常胜将军，聪明的人应该懂得接受失败，并从失败中汲取教训，不断提升自己。

教养箴言 --

很多父母都喜欢让着孩子，事事让孩子拿第一，长此以往，孩子就会形成"胜骄败馁"的性子。其实相比事事都争第一，培养孩子"胜不骄，败不馁"的品质更为重要。

吃苦教育，培养孩子吃苦耐劳的精神

有时我们会看到这样的新闻：某某男生考入名牌大学，但因为忍受不了军训的辛苦，选择退学；某某女生因为不习惯食堂的饭菜、不习惯宿舍的环境选择退学；某某女生因为害怕军训，在贴吧发帖雇人替自己军训。

我们不禁要问，现在的孩子怎么了？为何如此脆弱？一点儿吃苦耐劳的精神也没有？俗话说"吃得苦中苦，方为人上人"，虽然吃苦耐劳并不一定能让孩子取得多么大的成就，但是它却是孩子在这个社会中独立生存所必备的素质之一。因此，父母应该从小培养孩子吃苦耐劳的精神。那么我们具体应该怎么做呢？

1. 给孩子一点儿吃苦的机会

也许是出于溺爱，也许是出于对孩子的保护心理，现在很多父母在培养孩子吃苦耐劳的精神方面缺乏足够的认识，很少给孩子吃苦的机会。其实孩子总有一天要离开父母自己去面对生活，唯有让孩子从小知道什么是苦，什么是累，孩子才能更好地去独立生活，更快地适应各种环境。因此，父母要从小给孩子一点儿吃苦的机会，让孩子从吃苦中锻炼自己。

2. 让孩子参加劳动

很多时候并非孩子不愿意劳动，而是父母不愿意孩子参加劳动，既怕孩子累着，又怕浪费孩子的时间，影响孩子的学业。殊不知，从小做家务的孩子，将来长大后的生活会比那些从来不碰家务的孩子要充实、幸福得多，而且做家务还能让孩子的各方面能力得到综合锻炼。因此，父母应该让孩子做一些力所能及的家务活，如洗碗筷、扫地、洗衣服、倒垃圾等，时间长了孩子自然就会养成勤于劳动的好习惯。

当孩子养成勤于劳动的好习惯后，孩子就能从劳动中体会到成功和快乐，再加上父母的鼓励，孩子就会慢慢变得爱劳动，爱家庭，爱父母。这种劳动品质产生之后，也会激发孩子其他的一些好品质，如爱惜别人的劳动成果，懂事有礼貌，在生活、学习中不怕吃苦，等等。

当然，在培养孩子吃苦耐劳精神的时候，父母还需要注意一些问题。如不要给孩子安排超量的家务活，不要让孩子过于疲乏，否则会打消孩子劳动的积极性；在对孩子进行表扬时，不要给孩子太多的物质奖励，以免让孩子觉得劳动就是为了追求物质或是金钱；等等。

教养箴言 --

　　吃苦不是坏事，劳动最光荣。没有苦中苦，哪有甜上甜，让孩

子安于享乐，只能使其助长不良的生活习惯。所以父母一定要舍得

孩子吃苦，让孩子养成吃苦耐劳的好品质。

←--

附录

APPENDIX

教给"熊孩子"的30条教养礼仪

这个世界上，有一种孩子。他们喜欢乱扔垃圾，随地吐痰；喜欢在公共场所追逐乱跑；喜欢在玩具摊前哭闹撒泼；喜欢随便翻客人的包包；喜欢在吃饭时嬉戏打闹……总之，他们可能会把你的生活搞得一团糟，会为你带来无穷的烦恼，这些孩子被统称为"熊孩子"。

其实，管教"熊孩子"并不难，只要父母抓住生活中的一些细节，告诉孩子一些日常行为准则，就能让"熊孩子"变成一个有教养的孩子。以下是摘自《人民日报》的教给"熊孩子"的30条教养礼仪，仅供广大父母参考。

一、社交篇

1. 说话有礼貌，活学活用"请""谢谢""对不起"。

2. 接打电话要说"你好"，话说完毕，要说"再见"。

3. 大人交谈或打电话时保持安静，不要大喊大叫，不要随意打断。

4. 跟长辈或不熟悉的人说话之前，记得先说"打扰了"或叫出称谓。

5. 看到父母、老师、邻居等忙碌的时候，主动帮忙。

6. 尽量不给别人添麻烦，不要对别人颐指气使。

7. 建立与他人的界限。自己的东西合理支配，别人的东西不随便拿；从哪里拿的东西，用完后要放回原处；借了别人的东西要好好爱惜，及时归还。

8. 注意餐桌礼仪，不要敲打碗筷，尽量不发出声音，不要用筷子随意翻拣桌上的菜。

9. 饭桌上不要当着别人的面和同伴说悄悄话。

10. 多人聚餐时，点餐要考虑别人的需要，不能只顾着点自己喜欢吃的。

11. 去别人家做客时，不管饭菜是否合自己的口味，都要发出真诚的赞美，以示尊重。

12. 到别人家做客，不要不问自取人家的东西，不要乱摸、乱碰、乱走，不要不脱鞋就跳到床上、沙发上。

13. 进房间前先敲门，得到同意再进入；若身后还有人，应注意帮后面的人把门开着。

14. 不要故意窥探他人隐私，未经允许，勿翻看他人手机照片或电脑等物品。

15. 看到自己喜欢的物品，未经允许，切忌顺手拿走，更不要纠缠着别人要东西。

二、户外篇

16. 在公共场所，不要大声尖叫、四处乱跑，不要乱扔垃圾、乱吐口水，更不能随意大小便。

17. 乘坐交通工具，不要吵闹，不要蹬前面的椅背，不要把腿伸到过道里，切忌打扰别人。

18. 乘地铁或电梯时，先下后上；坐扶梯时，站在右侧；排队时不挤不抢。

19. 玩公共设施时，不要自己霸占着不让别人玩。

20. 观看演出时，保持安静，尊重演出人员。

21. 尊重任何职业，尊重每一个认真努力的工作人员。

22. 不要对别人的外表品头论足，不要在背后说人坏话，更不要嘲笑他人。

23. 不要说脏话，对别人恶语相向，更不要打人、踢人、咬人、抓人。

24. 信守自己的承诺，自己说出来的话，答应别人做到的事，要竭尽全力去完成。

25. 做事不要以自我为中心，不能只考虑自己，要懂得推己及人，顾及别人的感受。

26. 对于别人的帮忙，记得说"谢谢"，不要把别人对自己的好当成理所当然。

27. 学会与人分享，分享美好的食物、有趣的玩具、有用的技能、开心的事情。

三、品德篇

28. 善于发现别人的优点，由衷地赞美他人，要向身边优秀的人多学习。

29. 善于倾听别人的声音，别人指出自己的错误或不足时，要虚心接受，虚心请教，及时改正。

30. 勿以恶小而为之，勿以善小而不为。多做好事，不做坏事，乐于助人，善良待人。